CTC, Riom, Août 2023

MA VIE
AVEC BERNARD PIVOT

DU MÊME AUTEUR

François Mauriac et les Grands Esprits de son temps, Bibliothèque historique de la ville de Paris, 1990

Le Cahier noir de François Mauriac, préface et notes, Desclée de Brouwer, 1994

Lectures de Julien Green, avec M-F. Canérot et M. Raclot, Université du Maine, 1994

Histoires de Rome, anthologie, Les Belles Lettres, 1997

René Clair, *1895*, AFRHC, 1998

René Clair ou le Cinéma à la lettre, avec Emmanuelle Toulet, AFRHC, 2000

Le Film dans le texte : l'œuvre écrite de René Clair, Jean-Michel Place, 2001

Max Ophuls, *1895*, AFRHC, 2001

La Critique de cinéma comme exception française, avec Marc Cerisuelo, Cahiers parisiens de l'Université de Chicago, 2006

Rohmer et les Autres, Presses universitaires de Rennes, coll. Le Spectaculaire, 2007

Sacha Guitry, une vie d'artiste, avec Noëlle Giret, Gallimard/Cinémathèque française / BnF, 2007

Journal d'un cinéphile, Aléas, 2009

Le Celluloïd et le marbre d'Éric Rohmer, suivi d'un entretien avec Noël Herpe et Philippe Fauvel, Léo Scheer, 2010

Pirouettes et Collants blancs : mémoires de Jules Léotard, le premier des trapézistes, préface et notes, Mercure de France, coll. Le Temps retrouvé, 2010

Journal en ruines, Gallimard, coll. L'Arbalète, 2011

Mes scènes primitives, Gallimard, coll. L'Arbalète, 2013

C'est l'homme : journal d'un film interdit, livre/DVD, Le Bord de l'Eau, 2013

Éric Rohmer, avec Antoine de Baecque, Stock, 2014

Objet rejeté par la mer, Gallimard, coll. L'Arbalète, 2016

Dissimulons !, Plein Jour, coll. Les Invraisemblables, 2016

La réalité me casse les pieds, entretiens avec Jean-Christophe Averty, Plein Jour, 2017

Le Mystère Clouzot Lienart / Cinémathèque française, 2017

Miquette et sa mère, Robert de Flers et Gaston Arman de Caillavet, préface, Presses Universitaires de Nanterre, 2017

Souvenirs/Ecran, Bartillat, 2019

Le Sel du présent, Éric Rohmer, préface et notes, Capricci, 2020

Les films me regardent, Hémisphères, coll. Ciné-cinéma, 2021

Delair, Clouzot, Marest, 2022

Travestissez-vous !, Capricci, coll. Actualité critique, janvier 2024

NOËL HERPE

MA VIE AVEC BERNARD PIVOT

PLEIN JOUR

www.editionspleinjour.fr

Les livres Plein Jour sont commercialisés
en partenariat avec la S. N. Anne Carrière.

ISBN : 978-2-37067-089-2

Des émissions de télévision traversent ce livre.
J'ai pris soin, en l'écrivant, de ne pas les revoir.

Lever de rideau

J'envie les auteurs de dictionnaires, qui arrivent, l'espace d'une notice, à mettre en boîte les revenants. C'est pour moi un tonneau des Danaïdes, ou, plus exactement, un perpétuel appel au secours, venant de ces gens qui, encore un instant, prétendent exister par mon truchement, et me reprochent de n'en point faire assez pour eux. À chaque visite au catalogue de l'INA, je redeviens le fils, coupable, d'une famille innombrable. Celle des écrivains trône au sommet, sûre de son bon droit, de ses préséances, de ses honneurs. Si l'on cherche les plus anciens documents visuels ayant trait à un homme de lettres, on tombe toujours sur une bande muette, rush déchu de quelque reportage pas monté. On y voit François Mauriac donnant l'accolade à Daniel-Rops, ou Robert Kemp recevant, des mains d'Émile Henriot, son épée d'académicien. Ce dialogue d'ombres est censé correspondre au faîte de leur reconnaissance littéraire, à l'acmé de leur notoriété. Une vedette du cinéma – ou une femme de ministre – vient se mêler à leurs agapes. L'auteur de la notice peine à reconnaître ces visages, qui n'émergent qu'une seconde et puis s'en vont.

Dans cet aréopage de crânes dégarnis qui dodelinent, autour de René Clair lisant son discours de réception à l'Académie, j'essaie d'identifier de vieilles gloires. La Coupole est en travaux, et l'on a déménagé à Versailles, sous les ors de l'Ancien Régime. Voici Jean Rostand ou André Chamson, statufiés dans l'écoute, ou glissant déjà dans le sommeil. Le nouvel académicien, pour faire son compliment, a chaussé ses lunettes. Il semble s'enorgueillir d'une audace (un cinéaste parmi les immortels) qui, en 1960, n'émeut plus grand monde. Cette génération-là, obstinément, s'accroche à l'éloquence. L'histoire littéraire n'est qu'un interminable passage de relais, où l'on lit des textes pour saluer un ancien, pour transmettre un flambeau. Quand René Clair – encore lui – raconte sa carrière au micro de Georges Charensol et de Roger Régent, il lit un écrit qu'il a, au préalable, soigneusement conçu, prévoyant jusqu'aux questions des journalistes.

Henry de Montherlant vous parle. Cela s'annonce comme un dialogue, à bâtons rompus, avec Pierre Sipriot, dont le timbre feutré permet au Maître de se reposer. C'est un copier-coller de pages autobiographiques, et l'on entend, parfois, le bruit des feuillets. L'écrivain est un cosmonaute, dont la voix résonne à des années-lumière de la nôtre, et que nulle impureté humaine ne saurait troubler. Vingt ans plus tard, Montherlant reprend l'exercice dans le cadre d'une émission intitulée *Archives du XX*e *siècle*. Ses yeux sont cachés par des verres noirs, il tient ostensiblement son texte. Il demeure soucieux de ne pas se laisser piéger par la caméra, de ne rien dire qui ne puisse augmenter sa statue. Cela ne l'empêche pas de livrer des détails personnels, et douloureux, sur ses blessures de guerre, ses déchirements avec sa mère. Des photos en noir et blanc, dignes d'un album de la Pléiade, viennent illustrer ses dires. Il a cette manière particulière d'ouvrir les *a*, ou d'élider les *e* muets, propre aux hommes d'entre les deux guerres. Un mélange de désinvolture et d'emphase. Un titi parisien déguisé en empereur romain. Petit à petit, il s'éloigne de ses feuillets, il écarte ses lunettes. Il va peut-être tomber le masque. À moins que ce ne soit une ultime ruse, dans cette intimité en trompe-l'œil que les écrivains d'alors savent servir à la postérité.

J'eusse aimé dîner avec cet Henry-là, dans l'espoir de le voir, ne fût-ce qu'un instant, fendre l'armure. Mon père aussi s'appelait Henri (avec un *i*), et c'était, entre nous, un jeu permanent que de flanquer à l'autre ses quatre vérités. Dans le poussiéreux appartement de la rue Saint-Jacques, ou dans une gargote du Quartier latin, nous prétendions étancher notre soif insatiable de transparence. Je cachais sa bouteille de vin sous la table, je faisais son procès au nom de l'idéal. Qu'étaient devenus ses rêves de jeunesse ? Et cette question, qui revenait souvent : pourquoi n'avoir pas fait œuvre littéraire, au lieu de s'ennuyer dans un cabinet dentaire ? Je ne me rappelle pas précisément ses réponses, pas plus que je ne me soucie de savoir si Montherlant disait vrai à Jean José Marchand. Il fallait, d'un Henri à l'autre, me cogner contre le mystère du père.

Dans ce registre, une phrase me procure un frisson qui ne s'épuise pas. C'est en ce début des années 1980 que je l'ai entendue pour la première fois, grâce à un disque où étaient gravés (en morceaux choisis) les entretiens radiophoniques de François Mauriac et de Jean Amrouche. Celui-ci tient la dragée haute au grand romancier. Il sait, mieux que lui, ce qu'il faut penser de son œuvre. Il cisèle des phrases, à côté de quoi les réponses de Mauriac semblent brouillonnes. L'écrivain a pour lui sa voix blessée, qui prête un cachet d'authenticité à tout ce qu'il dit, et une longue pratique d'académicien, habile à faire feu de tout bois avec les formules tirées de ses livres. Alors qu'il disserte, pour la énième fois, sur la marge de rêverie ou de poésie qu'il a confiée à ses personnages, l'intervieweur-procureur lui rétorque : « Vous les avez surtout chargés d'un poids de malheur extraordinaire. » Le silence qui s'ensuit est plus profond que celui où se terre Thérèse Desqueyroux.

En répondant aux questions d'Amrouche, André Gide imite le ton sentencieux de son ami Jacques Copeau. Il est sur une scène, et ses embarras mêmes sont calculés. Il prononce les *h*, il décompose les syllabes, comme le ferait un tragédien de l'Odéon. La télévision, loin d'instaurer un réalisme, apporte un surcroît d'artifice. L'appartement de l'écrivain devient un décor de théâtre, où règne la tradition de l'illusion.

Sous l'œil pétillant de Pierre de Boisdeffre, Maurice Druon arpente ses jardins, la bouche pleine de son génie. Je superpose ces images, gravées dans le marbre, aux rencontres que j'ai faites de ces deux personnages. Le premier, j'ai déjeuné une ou deux fois avec lui, dans les salons de l'Automobile Club. Il me couvait d'une étrange sollicitude, au mitan des années 1990, jusqu'au jour où je compris qu'il briguait un article dans *Libération*. Il venait de publier ses mémoires, *Contre le vent majeur*, anthologie de ses entretiens avec les grands de ce monde. Sa voix fluette d'homme de lettres glissait sur chaque sujet, sans s'appesantir.

Tout autre était Druon, tel que je l'ai croisé, lors d'une fin de matinée ensoleillée. Le décor, cette fois, était celui de l'Institut de France, où se donnait quelque cocktail officiel. Le champagne faisait son effet, et il discourut, pendant de longues minutes, sans qu'on lui en demandât tant. Il faisait tonner sa voix grave, il semblait conscient de sa mission. Personne n'eût osé l'interrompre. Je frissonnais de voir se dévoiler, à l'œil nu, l'armure vide qui continuait d'avancer.

Premier acte

C'était la chambre de mon père. J'hésite à employer le mot de chambre, car rien n'était moins intime que ce lieu. Ce n'était pas non plus un bureau, et jamais je ne l'ai vu s'asseoir pour travailler, à une table qui était toujours jonchée de factures, de coupures de journaux. Des élastiques traînaient çà et là, des rouleaux de scotch, des agrafes. Il avait noirci des bristols de sa grande écriture rageuse. Les radiateurs supportaient de vieux numéros du *Monde* ou de *France-Soir*, qui n'avaient pas bougé depuis des années, et dont il n'était pas question de secouer la poussière. Chaque fois que je prétendais faire le ménage dans tout ce fatras, il poussait des hurlements.

De petits placards contenaient des revues licencieuses, où je découvris un jour des récits de bondage. C'est du moins ce qui m'intéressait dans ces brochures, qui ne comportaient que des textes. J'y découpais, en tremblant, des histoires d'hommes ligotés par des femmes dominatrices. Je ne sais si mon père s'est jamais aperçu de mon larcin. Au-dessus de cet Enfer, il y avait sa bibliothèque : des éditions défraîchies d'Henry Miller, des incunables de Céline, une version scolaire d'*Œdipe roi*, soigneusement annotée depuis qu'il préparait une thèse de psychanalyse sur les gens qui se rongent les ongles. D'anciennes livraisons de *Planète* côtoyaient l'*Anthologie littéraire de l'occultisme* de Robert Kanters, en hommage à des passions de jeunesse. Près d'un secrétaire, entre deux fenêtres qu'il n'ouvrait jamais et que recouvraient de lourds rideaux, une publicité 1900 invitait à la rêverie. C'était une Muse aux longs cheveux, figée dans la pose de l'inspiration, la plume à la main. « Encre L. Marquet. La meilleure de toutes les encres. » Cette affiche, qu'il avait fait entoiler et qu'ocellaient des taches de café, me semblait incrustée dans le mur.

Le temps s'était arrêté. Ma mère partie, il avait noué de vagues liaisons, qui n'avaient pas duré. Sa vie amoureuse se réduisait à des virées à Pigalle, dont il revenait à l'aube, ivre mort. Son métier de dentiste ne l'occupait que quelques heures par semaine, et il s'empressait de réintégrer son lit – qui, lui non plus, ne méritait pas ce nom. Recouvert d'un velours bleu foncé, sur lequel on m'avait photographié, bébé, il évoquait le canapé de salle d'attente, ou le cabinet de lecture. Mon père ne faisait que lire : les quotidiens concurrents dont j'ai parlé, jour après jour, auxquels s'ajoutait de temps à autre un numéro du *Nouvel Observateur* ou du *Canard enchaîné*. Il était friand du théâtre politique, des dernières actualités de la saison, et, dès que sonnait une nouvelle heure, il écoutait le bulletin d'infos sur France Inter. Ce rendez-vous régulier rythmait sa vie.

Il passait beaucoup de temps dans un bistrot de la place Maubert, qui s'appelait

Le Village Ronsard. La Pléiade dont il s'entourait était composée d'écrivains déchus, d'artistes en souffrance, toujours prêts à refaire le monde autour d'un demi. Parfois, il ramenait à la maison l'un de ses compagnons, et l'on regardait *Le Corbeau* ou *La Grande Illusion*, après avoir avalé l'un de ces poissons panés à la sauce tomate qui constituaient notre plat récurrent. Il n'aimait pas faire la cuisine. Le seul art qu'il pratiquait était celui de la conversation. Dans les pauvres pizzerias où nous traînions le dimanche, dans les bars où il m'emmenait, il y avait forcément un voisin de table, ou de zinc, qu'il lui fallait prendre à témoin. C'était souvent une jolie femme, cela pouvait être n'importe qui. Je souffrais de le voir ainsi, constamment, distribuer son verbe à des inconnus, transformer notre intimité (quasi conjugale) en un forum ouvert à tous vents et où revenaient toujours les mêmes sujets.

Il était question de François Mitterrand, du pape Jean-Paul II, de la Mairie de Paris, qui n'était pour Jacques Chirac « qu'une voie de garage ». On parlait des crimes du communisme, des millions de morts sous Staline ou Pol Pot, de l'Europe de Maastricht, qui était « la victoire posthume de Hitler ». Il aimait choquer, prendre le contrepied de la doxa, se déguiser en réactionnaire. S'il discutait de littérature, c'était pour faire l'éloge de Céline, pour dénigrer Aragon. Il ne s'appropriait guère de nouveaux objets, à part quelques bouquins dont il avait entendu parler à *Apostrophes*. Je me rappelle *Le Cheval d'orgueil*, qui flattait ses nostalgies bretonnes, mais que je ne jurerais pas qu'il ait lu en entier. Et puis René Girard (*Des choses cachées depuis la fondation du monde*), qui avait dû faire un tabac chez Bernard Pivot. À la littérature, de plus en plus, il préférait les auteurs qui lui donnaient l'impression de maîtriser des données scientifiques.

Il y eut quand même cette fameuse émission d'*Apostrophes*, que nous avions découverte sidérés, dans le terne salon de la rue Saint-Jacques. La télévision tenait tant bien que mal sur un petit meuble à roulettes. Je m'étais fait une place à côté de mon père, sur son lit-banquette, et l'on s'enfonçait dans une douce indifférence. On voyait bien que Charles Bukowski n'était pas dans son état normal. Il l'était si peu qu'à un moment, Pivot fit appeler le service d'ordre pour l'éloigner du plateau. Cette séquence a été tellement rediffusée, par la suite, que j'ai du mal à revivre les réactions du spectateur que j'étais. Je me souviens surtout de l'excitation de mon père, à voir validée de la sorte, à la télé, sa vocation de trublion désespéré.

Il acheta le livre. Cela s'appelait *L'amour est un chien de l'enfer*, c'étaient des poésies dans le genre beatnik. Il en fit un usage singulier. En regard des vers de Bukowski, il colla des photos de lui, l'air éploré, et de ma mère, dans l'éclat de sa beauté éloignée. Il griffonna dans la marge ses improvisations à lui, qui tendaient à s'autocélébrer dans le rôle du martyr abandonné. Son écriture s'apparentait à une bouteille à la mer, à un graffiti trouvé dans les ruines. Je ne suis pas sûr qu'il ait offert la chose à ma mère, car, longtemps après, parmi ses factures stabilotées, je voyais traîner le Bukowski herpisé. Quant à la sortie de scène du poète en question, elle devint un classique de son répertoire. Mon père la citait à tout propos, comme un fait d'armes héroïque, à peine moins prestigieux que ce souvenir de ses 20 ans, lors d'une messe en hommage aux morts de la Résistance. Le Général était présent, et Henri Herpe, sans craindre de troubler le recueillement, avait lancé à la cantonade : « Vive de Gaulle ! » Le cri qui vient trouer le décor, la convention qui s'effondre, et Bernard Pivot obligé de réquisitionner la sécurité. Il y avait là, dans ces limites, une liberté recherchée obscurément.

Dans ces émissions d'*Apostrophes*, que nous suivions religieusement le vendredi soir (comme toute la France en ce temps-là), je guettais des statues du Commandeur. Je voulais de la stabilité, du lien, des signes que le passé ne passe pas. Je m'exaltais, par exemple, qu'au milieu d'un parterre d'écrivains bassement contemporains, Pivot pût recevoir Julien Green. Il s'était déjà entretenu avec lui en tête-à-tête, honneur qui n'était réservé qu'aux plus grands, à la sortie de son *Frère François*. Ils avaient surtout parlé, au vrai, de la jeunesse torturée du romancier, déchiré entre son puritanisme et ses désirs homosexuels. Green s'exprimait presque à voix basse, comme dans un confessionnal. Il couvait ses secrets à petit feu, semblant croire que leur révélation, par l'étrange et diabolique lucarne, allait scandaliser les chaumières et jeter le trouble dans les cœurs. Il évoquait le plus célèbre de ses romans, que je n'avais pas encore lu à l'époque – et ce nom de *Moïra*, qui s'enveloppait d'un flou androgyne, me plongeait dans des songes creux.

« Ah ! Si Freud m'avait connu ! » C'était la pointe extrême de l'ironie (et de la modernité) greenienne. Il avait traversé les âges, imperméable aux séismes politiques et artistiques du XXe siècle. Il avait été adoubé par Georges Bernanos, il passait chez Bernard Pivot. Les invités, qui, cette fois, partageaient son heure d'audience, semblaient peu conscients de leur privilège. Je ne me souviens pas qu'il ait daigné lire leurs livres. Sa seule intervention un peu décisive consista à commenter le portrait de Molière peint par Mignard. Il parla, délicatement, de la tristesse de Molière, de ses yeux sombres au fond desquels on pressentait un abîme. Un silence poli s'ensuivit, que je fus seul, de l'autre côté du téléviseur, à habiter.

Je cherchais des pères effacés. Tout au long des années 1980, Pivot invitait Claude Mauriac, qui déclinait les volumes de son *Temps immobile*. Je n'étais guère sensible à l'originalité de sa méthode, fondée sur le découpage et le montage de pages de journaux que séparait parfois un demi-siècle. Les pères de substitution qu'il s'était choisis (dans sa période Jean Genet, Michel Foucault, etc.) me paraissaient empreints d'une fâcheuse indignité. C'étaient plutôt des fils rebelles, auxquels le diariste se mêlait dans les manifs et autres pétitions de mai 68 pour être dans le vent de l'histoire. Il poussait la démagogie jusqu'à dire, s'agissant d'un de ces nombreux homos qui avaient marqué son parcours, que les avances de celui-ci ou de celui-là ne lui faisaient ni chaud, ni froid, et qu'il eût «adoré» être de ceux qui préfèrent les garçons. Son côté agent double m'énervait, j'y voyais une manière de fuir les liens qui l'attachaient au passé.

Tout son corps s'inscrivait sous le signe du serpentin et du fuyant. Ses jambes qu'il croisait très haut, ses mains qu'il repliait pour y enfouir son visage, ses lunettes à double foyer qui exagéraient son strabisme. Ses rires étaient évanescents. Chaque question que lui posait Pivot semblait le mettre à la torture, l'obliger à s'incarner. C'était moins un fantôme qu'une esquisse. Il passait à la télévision avec les égards dus au fils aîné de François Mauriac, ancien secrétaire du général de Gaulle et confident d'André Gide. Il était resté en deçà, jouant à l'éternel adolescent, faisant le pari d'échapper au temps. Cela ne faisait pas mon affaire. Les seuls instants où il me touchait étaient ceux où il consentait à évoquer son père. Il y eut un volume (*La Terrasse de Malagar*) dont la couverture s'ornait d'un beau portrait de François et de Claude. La figure actuelle de celui-ci venait s'incruster en un médaillon composé par le réalisateur d'*Apostrophes*. En recroisant ses longues jambes, en mettant sa main sur sa bouche, il disait l'impossibilité de dire son amour.

Adorateur de l'œuvre de Mauriac, je commençais, de loin en loin, à être reçu par sa famille. Elle avait tout ce qui manquait à la mienne. Elle se bornait à m'accueillir aimablement, quand je venais porteur d'un projet d'exposition sur leur grand homme. Chez Jean Mauriac, frère cadet de Claude, j'avais droit à des poignées de main chaleureuses, qui me semblaient une chose immense. Sa femme Caroline, qui veillait sur la correspondance de son beau-père, me reconnaissait une « merveilleuse qualité » : « C'est que vous êtes toujours à l'heure. » En marge d'un colloque auquel elle assistait, je crus mourir de honte, parce que mon appareil digestif faisait du bruit.

Mon exaltation fut grande le soir où elle passa à *Apostrophes* pour présenter *Lettres d'une vie*, où elle avait recueilli les missives du patriarche. J'imposai silence à mon père lors de cette grand-messe. Mauriac, il s'en foutait, cela ne faisait pas partie de sa bibliothèque déglinguée. Seule l'obsédait ma carrière, et cela l'impressionnait que je fréquente ces gens-là. Ils pouvaient me pistonner pour être embauché au *Figaro*. Je me flattais de reconnaître, à l'arrière-plan, la tête de Jean Mauriac opinant du bonnet, aussi insaisissable que lors de mes visites à leur appartement du 16e. J'épiais la moindre des prises de parole de son épouse.

Habituée à rester dans l'ombre des Mauriac, elle ne trouvait pas le ton qu'il fallait. Face à des vieux routiers de la scène littéraire ou médiatique, elle cherchait ses mots. Sa voix sourde, son style de grande bourgeoise fatiguée ne passaient pas la rampe. J'en souffrais pour elle, et pour le grand écrivain fragile qu'elle défendait. Elle cita une lettre, sur le jeune homme qui « s'en alla tout triste, car il avait de grands biens ». La parabole évangélique tomba à plat. Elle se mêla aux commentaires que faisaient les écrivains en fin d'émission sur les ouvrages de leurs collègues, après avoir fait l'article pour le leur. La partie était déjà perdue. Je n'en étais que plus ému. Il faut bien, dans n'importe quelle Cène, qu'il y ait un Christ.

Apostrophes tenait de la corrida. Nul besoin d'être vivant pour y être mis à mort. J'ai un souvenir très net de ce spectacle, concernant un écrivain qui s'était voulu, s'il en est, un spécialiste ès tauromachie. Ce n'est pas l'aspect qui m'intéressait le plus chez Montherlant. J'étais sensible à son théâtre, fasciné par le contraste, dans *La Reine morte* ou *Port-Royal*, entre le fantasme de grandeur et le sentiment du néant. Le côté grimaçant des *Jeunes Filles* m'attirait moins, j'y flairais des bas-fonds nauséabonds. Je ne voulais pas trop savoir ce que cachaient, dans l'œuvre de ce styliste sublime, la pourpre cardinalice de ses beaux parleurs, les collants de ses jeunes premiers.

Pourtant, je n'aurais raté pour rien au monde l'émission de Pivot qui marquait le dixième anniversaire de la disparition de mon grand homme. Pierre Sipriot présentait le premier volume d'une copieuse biographie, intitulée *Montherlant sans masque.* La France entière retenait son souffle, attendant on ne sait quelle révélation formidable. Je n'exagère pas, tant la vie privée des littérateurs du passé, en ce début des années 1980, demeurait un sujet médiatique. Sipriot parlait de sa voix feutrée, douce, un peu tremblante. Il semblait gêné des abîmes qu'il allait entrouvrir au public. Tout y passa, pêle-mêle, dans un grand déménagement de légendes. La tauromachie ? Montherlant avait à peine toréé, cela n'avait été qu'un prétexte pour écrire *Les Bestiaires.* La guerre ? Il ne faut pas trop croire aux lauriers qu'il s'attribue dans *Le Songe.* Le sport ? *Les Olympiques* donnent le change sur la réalité de ses prouesses.

Quant aux conquêtes féminines, c'est là que Sipriot porta l'estocade, qui nous fit tous assister, en direct, à l'effondrement d'un auteur. Que celui-ci ait menti sur sa carrière militaire ou sportive n'eût pas suffi à choquer les lecteurs du *Figaro* ou les spectateurs de la Comédie-Française. Il y avait autre chose. Je ne comprenais guère de quoi le biographe nous parlait. Il se fit plus précis, à propos des garçons que l'écrivain draguait, en Afrique du Nord. J'entendais cela à travers un voile opaque. Je ne voulais retenir que les amours romantiques de collège, qui suggéraient, entre moi et l'auteur de *La ville dont le prince est un enfant*, un lien secret. De ceux que même *Le Figaro* peut tolérer, de ceux que mon père avait vécus, au pensionnat Saint-Jean-de-Béthune, et qui ne tiraient pas à conséquence.

À part moi, tout le monde avait bien compris de quoi il s'agissait, et cette émission fut fatale à la fortune posthume de Montherlant. Le purgatoire où il sombra durablement me le rendit encore plus cher. Il avait menti, et après ? Si tout ce qu'on avait à lui reprocher, c'était de n'être pas l'hétéro-macho qu'on avait cru, c'est qu'on l'avait mal lu, ou aimé pour de mauvaises raisons. Je continuais à fréquenter le Montherlant masqué, et j'identifiais Sipriot à un personnage de son théâtre : cette âme damnée du *Cardinal d'Espagne*, qui, à la fin de la pièce, livre aux chiens la mémoire de son mentor. « Un jour, on ne le jugera même plus. » Cette phrase me faisait frémir, comme le signe que l'écrivain avait prévu qu'on le trahirait, qu'on le délaisserait. Comme le page qui reste auprès du cadavre du roi Ferrante, après que toute la cour s'est ralliée à la reine morte, je gardais un genou en terre, je ne voulais pas abandonner le père.

La prédiction du *Cardinal d'Espagne* s'accomplit. Dix ans passèrent, et Sipriot publia le second volume de sa biographie, dans l'indifférence générale. Il est vrai qu'il n'y avait pas mis le même cœur qu'au premier ouvrage. Il se faisait vieux, et la curiosité publique s'était évanouie. Le petit pigiste que j'étais devenu, à *Libération*, ne put pas même faire passer ce qu'on appelait un « Vient de paraître ». Le Judas revenu de sa superbe m'appela, deux ou trois fois, dans l'espoir d'un papier. Chaque fois que je décrochais, il glissait, de sa voix caverneuse : « C'est Sipriot. » Il essaya de me fourguer un ultime bouquin à sensation. Le titre était *Louis XVII et les Mystères du Temple*. Ce genre de sujets ne passionnait plus guère. Je ne lui soufflai mot de mes griefs, et je gardai pour moi mon roi déchu.

L'homosexualité, on n'en parlait pas à la maison. «J'ai fui ma mère, me disait seulement mon père, pour fuir mon homosexualité.» La messe était dite, et il fallait être un «pervers» pour ranger dans un grand coffre, au cœur de ma chambre, des collants et autres images de bondage qui disaient le genre particulier de mes goûts érotiques. C'est ce mot de «pervers» qu'employa mon père, le jour où, sans difficulté, il fit sauter les cadenas et découvrit mon pauvre trésor. Telle une bouteille à la mer, j'avais laissé mon secret en évidence, espérant un dialogue qui ne viendrait pas. Quand un jeune homme s'exhibait nu au balcon d'en face, quand un danseur se pavanait à la télé, je refoulais mon trouble face aux sarcasmes paternels.

Je me réfugiais, je l'ai dit, dans *La ville dont le prince est un enfant*, où l'esprit de sacrifice des collèges catholiques venait transcender les désirs des prêtres (j'étais moins sensible à l'avatar romanesque de la pièce : *Les Garçons*, où les désirs des prêtres et des adolescents se précisaient dangereusement). J'achetai *Les Amitiés particulières*, en souvenir du film que j'avais vu, bouleversé, aux *Dossiers de l'écran*, malgré l'interdiction parentale d'allumer le poste ce soir-là. Le livre de Roger Peyrefitte s'ornait de deux têtes de garçons noyées dans le kitsch, sur fond de couverture racoleuse. Il me tomba des mains, car mes exigences de style l'emportaient sur mes obsessions masculines. Peut-être commençais-je à soupçonner, derrière les histoires d'agneau qu'on mène à l'église et les cantiques de Séraphin, un effet de trompe-l'œil.

À travers les personnages de Montherlant, de Mauriac ou de Green, je chérissais la fatalité littéraire que je m'étais construite. Mon père ne me posait pas de questions. Il maugréait contre mon absence de petites amies, et me rêvait fiancé à quelque héritière vaguement croisée. Le seul lien qui structurait ma vie, c'était le temps que nous passions ensemble, à se déchirer, à se raccommoder. Il sectionnait le fil de la télé parce que je n'avais pas cédé à tel ou tel chantage ou ultimatum, sous des prétextes qui ont étrangement disparu de ma mémoire. Il réparait le fil, et nous regardions *Apostrophes*.

Auprès de lui, j'ai vu Pivot interviewer Dominique Fernandez. Celui-ci, tout auréolé du prestige de son récent prix Goncourt, présentait vers 1985 un nouvel ouvrage : *La Gloire du paria*. Je savais qu'il était le fils de Ramon Fernandez, un fin critique qu'avait fréquenté Mauriac. Il parlait un peu comme Sipriot, d'une voix onctueuse : celle d'un homme habitué à la radio, qui restait, en ce temps-là, la succursale sophistiquée des salons de l'Ancien Régime. On y châtiait son langage, on y maintenait le bon ton. J'appréciais le sous-texte nostalgique de Fernandez, qui tendait à sublimer la malédiction jetée sur les gays. Il s'inscrivait cependant dans l'air du temps, en reprochant à Montherlant d'avoir menti, ou à Proust de n'avoir pas tout dit de sa sexualité. Vu sous cet angle, *Corydon* comptait plus que *La Recherche*.

Fernandez alla plus loin. Il déclara, comme à mon intention particulière, qu'un jeune homme qui, de nos jours, n'assumerait pas ses désirs homosexuels serait un lâche. Je pris cette phrase comme un soufflet en pleine figure. Elle me renvoyait à ce que je redoutais le plus : être démasqué comme le responsable de mes échecs. Pendant que mon père me reprochait ma paresse, qui expliquait selon lui la médiocrité de mes études, l'auteur de *La Gloire du paria* dénonçait ma mollesse. Un troisième larron, un ami de lycée, m'écrivait en parlant de moi comme si j'étais absent : « Pourquoi n'est-il pas déjà prêtre ? » Il se moquait de ma propension au sublime, du côté peu concret de mon amour des garçons. Dans son journal intime, dont il me faisait lire les bonnes feuilles, j'étais intrigué par ces mots à mon sujet : « Il brûle d'une flamme profonde. Pas celle qu'il croit. »

Je me rappelle une autre livraison d'*Apostrophes*, où le thème fut mis sur le tapis. Un homo trentenaire, dont j'ai oublié le nom, y parlait de ce qui fut sans doute son unique livre : *Le Journal de grossesse d'un père célibataire*. Son look de pédé du Marais, à la Freddy Mercury, ne me disait rien qui vaille. Il racontait, droit dans ses baskets, les joies d'une paternité sans conjugalité hétérosexuelle. Pivot savait accueillir, sans broncher, ces signes du monde qui vient. Il y avait une statue du Commandeur dans les parages : un vieux professeur de médecine, sollicité en fin d'émission pour dire son avis. L'hôte de céans attendait une étincelle, qui pût déranger le consensus poli autour du père gay. « Pour faire des enfants, conclut le mandarin d'une voix cassante, je demeure favorable à la méthode normale et traditionnelle. » L'autre rentra sous terre, dans un silence de mort.

Pivot créait des monstres inédits, qui semblaient surgir de nulle part. Du jour au lendemain, René Girard ou Vladimir Jankélévitch devenaient connus de l'homme de la rue. Moi-même, depuis la triste fenêtre de la rue Saint-Jacques, où je campais pour épier les beaux garçons, je pouvais à présent reconnaître le vieux philosophe bienveillant, au sourire fleuri, revenant gaiement de la Sorbonne. Cela me laissait froid. Pour qu'une célébrité me fascine, il fallait qu'elle incarne un lien abîmé avec le passé (un lien que j'étais seul à chérir), ou que ses titres de gloire s'enracinent dans une nuit profonde. Je considérais la télévision comme une machine à réécrire l'histoire, à fabriquer de la fausse monnaie.

Et puis, j'étais nul en philo. J'avais consterné mon prof de terminale en traitant une pensée de Blaise Pascal avec la plus extrême désinvolture. «Pourquoi, annotait-il ma copie, ne lire un texte superficiellement que pour l'écraser de morgue et de suffisance ?» Je n'étais guère plus brillant dans l'analyse littéraire, au point que mon prof de français s'était moqué de mon peu d'éloquence sur Racine, alors que j'étais incollable sur des boulevardiers oubliés. Je préférais les mauvais objets, ignorés de tous et cultivés dans l'ombre. Et voilà que l'auteur du *Je-ne-sais-quoi...*, qu'on nous vendait comme le nec plus ultra de ce qu'il fallait lire, faisait à *Apostrophes* l'éloge de Robert de Flers et de Gaston Arman de Caillavet.

Le ciel, en s'entrouvrant, ne m'eût pas plus étonné. Jankélévitch citait *L'Habit vert*, satire de l'Académie française, et même, je crois, *Le Roi*, grande comédie chez les ministres et les cocottes, que j'avais échoué à mettre en scène avec mes camarades de lycée. Il est probable que peu de gens, sur le plateau de l'émission ou parmi les téléspectateurs, furent, ce soir-là, sensibles à l'hommage. Mon père ne s'associa pas à l'enthousiasme qui m'envahit. J'étais validé dans mon fétichisme, sacralisé dans ma poussière. Je n'avais pas lu en vain tant de numéros de *La Petite Illustration*, où Miquette rêve de théâtre au fond de l'échoppe de sa mère, où Hubert de Latour-Latour se voit reçu en grande pompe à l'Institut. Je crevais l'écran du téléviseur, et Jankélévitch était mon ami.

Contrairement à Pivot, je n'étais pas avide de gloires nouvelles. Je regardais avec un certain scepticisme l'étoile montante de Raymond Aron, dont on prétendait faire le grand témoin du XXe siècle : celui qui avait tout compris mieux que tout le monde, et qui tirait son épingle du jeu. À mes yeux, il avait pour seul mérite d'avoir survécu à des figures prestigieuses, d'être encore là pour voler la vedette à Jean-Paul Sartre ou à Paul Nizan. Non pas que je fusse un adversaire de son libéralisme. J'avais fait mes classes d'antisartrisme, à Henri-IV, en répondant véhémentement à une enquête sur l'auteur de *La Nausée*. Quand Louis Pauwels, que mon père avait connu, déclinait à *Apostrophes* ses antiennes réactionnaires, en citant les pires déclarations sartriennes (« Tout anticommuniste est un chien »), j'approuvais. Ce qui me gênait chez Aron, c'est qu'il me semblait une pure création télévisuelle : quelqu'un qu'on mettait là pour apaiser les tensions, décréter la fin de l'histoire, tirer le rideau. Un deus ex machina mollasson, qui ne tirait sa légitimité que du désert.

Je préférais Raymond Barre. Après la défaite de la droite à la présidentielle, il prenait sa revanche sur les plateaux de télévision – et singulièrement celui d'*Apostrophes*, où les hommes politiques avaient leur rond de serviette. Je ne sais plus si j'y ai vu Giscard faire l'éloge de Maupassant, je ne crois pas y avoir regardé Mitterrand en son temps, mais je ne risquais pas de rater Barre, qui était mon idole. Peut-être, justement, pour son côté raté. Quels que fussent les espoirs qu'on plaçait en lui, et sa jovialité sereine, il était aussi antédiluvien que Noël-Noël. Il appartenait pour moi à une autre époque, celle des valses ministérielles de la IVe République, des chapeaux mous et des compromis entre radicaux et démocrates-chrétiens. Toujours plus maigre que dans mon souvenir, incisif, elliptique (il citait volontiers Saint-John Perse, un Réunionnais comme lui), il répondait aux questions de Pivot comme depuis une place à part. Ce n'était pas seulement son statut d'ancien Premier ministre qui le protégeait. Il incarnait un style condamné par l'histoire, un échec charmant.

Mon père se moquait de mon admiration pour Barre (qu'il m'avait pourtant vanté, lors de sa nomination à Matignon, comme un cousin éloigné). Il flottait, je l'ai dit, entre une vague nostalgie gaulliste et un anarchisme de droite, visant surtout à choquer le chaland. Quant à moi, j'embrassais indifféremment toutes les causes perdues, les combats pour rien. En 1984, quand la France catholique défila dans les rues pour défendre l'école libre contre les assauts des socialo-communistes, on alla faire un tour vers la place de la Nation, où déferlait une manif monstre. Cela égaierait l'un de nos dimanches. Je m'étais muni d'une Kodak Retinette offerte par mon père, et avec laquelle je photographiais, sans conviction, les rues vides du Quartier latin ou les foules aux grandes occasions, essayant d'apercevoir les silhouettes floues de Jean-Paul II ou de Mitterrand. Au milieu des manifestants, ce jour-là, on voyait des élus aux écharpes tricolores, des patriotes pressés d'en découdre avec la gauche honnie. Et soudain Raymond Barre, but secret de ma promenade. Il répondit à notre poignée de main, avec un franc sourire qui découvrait des dents inégales. Il y avait des gamines en costume alsacien, des vendeurs de saucisses. Mon père et moi, on continuait notre chemin.

Je mangeais mal. Les éternels poissons panés, et nappés de ketchup, constituaient notre ordinaire. Le dimanche, pour me faire plaisir, mon père achetait des croissants surgelés, censés gonfler au four, et qui n'avaient aucun goût. On échouait dans des Italiens de troisième classe, ou dans des restos touristiques du quartier Maubert, où je me goinfrais de pâtes et de pain. L'un d'eux, parce que nous y avions dîné avec sa première femme (une doctoresse mélancolique, amoureuse de littérature), était devenu « le restaurant d'Annick ». On s'y retrouvait, faute de mieux, quand tout était fermé. On y reprenait nos débats sur le passé, sur ce qu'il aurait fallu faire ou ne pas faire pour être heureux.

Incapable de me cuire un œuf, et mon père désertant les fourneaux, je remontais le boulevard Saint-Michel vers O'Kitch, premier avatar parisien, à ma connaissance, des fast-foods américains.

C'était pour moi un Graal culinaire. Je rapportais à la maison un paquet de cheeseburgers, que je savourais en écoutant *Le Beau Danube bleu*. Rien ne me paraissait plus enviable (et coupable ?) que ce plaisir solitaire. Tout le monde me disait que c'était mauvais pour la santé. On prétendait (et mon père, le premier, relayait ce canard) que ces hamburgers étaient fabriqués à base de vers de terre. Je n'en avais cure – et dépliais, en faisant durer mon bonheur, les emballages de papier qui enrobaient cette bonne chère.

Je hantais chacun des fast-foods qui firent école dans le Quartier latin : Free Time, à l'emplacement d'une boutique de fringues où Maurice Pialat avait tourné une séquence d'*À nos amours* ; Quick, sur les lieux de l'ancien Capoulade, où Marcel Carné avait situé ses *Tricheurs*. Victime d'indigestions, j'espaçais mes visites au monstre. Je pris l'habitude de ne plus du tout déjeuner, ce qui aggravait ma boulimie du soir. Mon père se souciait peu de réguler mon alimentation. Que je fusse, à 20 ans, un peu plus qu'enrobé ne l'inquiétait pas. En revanche, il m'inventait des maladies imaginaires, me traînant d'examen en consultation pendant des mois parce que je faisais une légère tachycardie. J'entendais des mots baroques (électrocardiogramme, bêta-bloquants), qui me faisaient peur.

Il ne réagissait qu'à la menace d'un drame : à un cancer de la langue qu'il croyait avoir, à 43 ans, parce que son père était mort à cet âge ; au risque d'un accident cardiaque, parce que mon pouls battait trop vite. Installé dans le pathétique, pour le reste il me livrait à moi-même, à mes spaghettis carbonara et à mes Big Mac. Dieu merci, je n'aimais pas le sucre. Aussi est-ce dans une relative indifférence que je suivis l'émission d'*Apostrophes* qui tournait, entre autres, autour du livre *Une mort sucrée*. Pivot recevait une jeune femme dont c'était le premier ouvrage, et qui racontait, avec force détails, sa boulimie de gâteaux. Il lisait, ou lui faisait lire, une longue énumération des choses crémeuses et sucrées qu'elle avalait sans s'arrêter. Cela tenait de la litanie funèbre, triomphante, désespérée. J'étais impressionné, malgré tout, par cet empire de l'obsession à peine sauvé par le langage. In extremis, Pivot lui dit : « C'est un livre terrible que vous avez écrit là. » La voix de la jeune femme s'étrangla dans sa gorge. Son « Je sais » ne fut qu'un cri muet.

L'émission était traversée de météores, d'hommes (et surtout de femmes) qui existaient le temps d'un livre. Il y eut Valérie Valère, qui se donna la mort à 20 ans, et dont je revois dans un brouillard la beauté tranchante et rimbaldienne. Il y eut Sylvie Caster, qu'adorait mon père parce qu'elle écrivait, à *Charlie Hebdo*, des chroniques coruscantes. Profil perdu, aussi, trace brûlée d'une révolte soixante-huitarde qui n'en finissait pas de mourir. L'exaltation de mon père m'exaltait : le fait de voir cristalliser brusquement un romantisme adolescent, réveillé des années après la bataille. Du fond de sa banquette, au milieu de ses vieux journaux, il conservait une flamme.

La mienne, je la tenais secrète. Elle s'adressait à des objets impurs, elle n'entrait dans aucune des catégories reconnues de la liberté (politique ou sexuelle). Quand Guy Hocquenghem vitupérait, dans un pamphlet, *Ceux qui sont passés du col Mao au Rotary*, cela ne me parlait pas. Cela nourrissait ma vision relativiste et désabusée des passions idéologiques qui avaient agité mes parents. Car ils avaient fréquenté les meetings du MLF, et même du FHAR (en tout cas, il en subsistait bizarrement une brochure dans les archives paternelles). Ils avaient traîné dans le Larzac avec des hippies hostiles au nucléaire. Ils n'étaient pas entrés pour autant au Rotary Club, dont faisait office, dans notre déchéance, le salon d'*Apostrophes*.

J'y avais, moi aussi, mes icônes sulfureuses. Rien n'égala mon émotion, certain soir de 1985 ou 1986, à l'apparition d'une dénommée Jeanne de Berg. Émotion augmentée, sans doute, par la présence de mon père, qui m'obligeait à taire mon trouble. Le livre s'appelait *Cérémonies de femmes*. Dans l'éternel médaillon concocté, au cœur de la couverture, par le réalisateur de l'émission, un visage féminin recouvert d'une voilette imposait son mystère. D'entrée de jeu, on apprenait que son nom de plume n'était qu'un pseudonyme, voué à protéger un auteur célèbre. Ce qu'elle avait à raconter ne pouvait l'être qu'avec prudence. Cette mise en scène me fit grande impression. Sur le plateau mondain d'*Apostrophes*, où l'on débattait de tous les sujets avec un dilettantisme pas dupe (ainsi que faisaient mes parents, naguère, à la table ou sur la terrasse de leur maison de Provence), quelqu'un survenait qui convoquait le confessionnal.

Pivot jouait le prêtre égrillard, sollicitant des confidences dont il connaissait la teneur. Les invités retenaient leur souffle, ou faisaient semblant. À bas bruit, comme si elle eût levé le voile sur l'affaire des poisons, Mme de Berg évoquait ces messes noires où des hommes sont dominés par des femmes. Il était question de chaînes, de fouets, de crucifixion : toute une panoplie qui me faisait traverser le décor, et pénétrer dans un arrière-monde. Les fantasmes les plus anciens de mon enfance, ceux où je m'imaginais, nouveau Christ, dénudé et humilié dans la cour du lycée, retrouvaient droit de cité. Je ne m'arrêtais pas aux détails. Ce qui me fascinait, c'était le dispositif, la structure, le rituel retrouvés.

Pivot distillait des jeux de mots, à la fin, pour faire deviner l'identité de l'énigmatique dominatrice. Il dut faire allusion à des œufs grillés, et tout le monde (moi inclus) comprit que derrière un sobriquet à la Cocteau, se cachait le pape du Nouveau Roman. Le « rg » final de

De Berg désignait, à coup sûr, l'épouse d'Alain Robbe-Grillet. Cela allait faire jaser dans les foyers, tant l'intimité des écrivains, vivants ou morts, restait un objet de curiosité et de scandale. On aimait gloser leurs turpitudes, et mon père n'était pas le moins prompt à cet exercice. Il n'y mettait pas de jugement moral. Un effroi sacré, plutôt, face à ces gens qui ne faisaient rien comme tout le monde.

Pour la première fois depuis que je suivais *Apostrophes*, j'achetai le livre. Je le serrai au fond du fameux coffre où gisaient mes bandes dessinées découpées et mes images d'hommes ligotés. Les descriptions qu'il contenait ne me bouleversaient pas. Elles étaient trop triviales, ou flirtaient avec des bizarreries que je trouvais ridicules. À quoi bon ces œufs, par exemple, qu'on se jette à la figure ? Quelques années plus tard, je renouvelai l'expérience avec un autre ouvrage du même style : *Françoise Maîtresse* d'Annick Foucault. Sous le titre, une photo représentait un homme nu, de dos, aux genoux d'une *domina* fouetteuse. L'auteur développait tout un discours sur ces hommes de pouvoir qui ont besoin, régulièrement, de vivre l'exorcisme du rabaissement. J'avais lu, entre-temps, *La Vénus à la fourrure*, dans un bouquin qui avait la particularité d'être privé de couverture. Je trouvais, dans ces scènes de mâles humiliés, des prétextes à une excitation érotique qui se précisait. Je perdais le souvenir d'un moment rare, où j'avais vu trembler le désir sous le voile des convenances.

Dans mon cœur de téléspectateur déjà vieux, *Apostrophes* prenait peu à peu la place d'*Au théâtre ce soir.* Les dramaturges s'y faisaient rares. Je ne crois même pas y avoir aperçu Jean Anouilh, qui publiait, au soir de sa longue et glorieuse carrière, un livre de souvenirs. Le rituel seul de l'émission s'inscrivait dans la tradition de Pierre Sabbagh, en la mettant au goût du jour. D'abord, à cause du créneau de la fin de semaine, qui captivait la France des familles. Le vendredi à 21 h 30, le samedi à 20 h 30, on était devant la télé. On faisait tous la même chose : déléguer notre destin à des gens plus bavards que nous. On goûtait, dans ce partage un peu veule, la volupté de n'être rien.

À la torpeur qui m'engourdissait dans la cuisine de notre maison de Cancale, où Simone Valère gourmandait Jean Desailly, répondait celle du salon de la rue Saint-Jacques, où, affalé sur la banquette, j'écoutais discourir les beaux messieurs de

Saint-Germain-des-Prés. Je ne comprenais pas tout ce qu'ils disaient, mais j'étais fidèle à un rendez-vous, qui comportait des passages obligés. Les trois coups qui marquaient le début d'*Au théâtre ce soir*, c'était le prologue volontiers solennel de Pivot, avant que ne commence le générique sur une musique (les accords pathétiques de Rachmaninov). Les lourdes draperies du théâtre Marigny étaient remplacées par un design plus contemporain, ponctué de livres s'empilant à l'arrière-plan, et menaçant de s'écrouler les uns sur les autres. On n'était plus tout à fait dans le décor de Roger Hart, mais les permanentes des dames, et les cravates des messieurs, rappelaient les costumes de Donald Cardwell.

De même qu'on voyait revenir, dans des emplois de comédie interchangeables, Michel Roux ou Claudine Coster, il y avait des écrivains récurrents, dont la seule raison d'être semblait de passer à *Apostrophes*. Je pense à Paul Guth, avec sa voix suave, ses paradoxes susurrés, venant apporter un grain de sel qui amusait la galerie. Dans le genre humoriste officiel, il y avait aussi Pierre Daninos. Et, plus féroce, Jean Dutourd. Celui-ci, paraît-il, avait fait une œuvre. Mon père lisait dans *France-Soir* ses chroniques, qui s'ornaient d'un portrait déjà ancien où il fumait la pipe, les lunettes relevées sur le front. Il y pestait, avec une régularité de métronome, contre tous les avatars de la modernité, et achevait de sculpter chez Pivot sa figure de vieille ganache. Il en faisait un type digne de Daumier. Il grognait, tirait sur sa bouffarde, levait les yeux au ciel à l'évocation du Nouveau Roman ou de mai 68. À certains mots, à certains apartés, j'aimais imaginer qu'il valait mieux que son personnage.

Les cinq dernières minutes de l'émission étaient réservées à une distribution des livres, par les soins de Pivot, qui rééditait le climat bon enfant des saluts au public après la pièce. L'applaudimètre de naguère, c'était à présent le nombre de bouquins qu'un des participants allait remporter chez lui. Ce n'étaient pas toujours les meilleurs qui étaient les mieux lotis. Je compatissais pour l'auteur, pas assez grande gueule, qui laissait rafler la mise par un confrère plus sûr de lui et rentrait bredouille, après avoir bafouillé qu'il aimerait bien un *Que sais-je?* L'exercice résumait ce qui s'était joué pendant une heure quinze.

Il y manquait le bruit des vrais applaudissements, qui dans *Les Œufs de l'autruche* ou *L'École des cocottes*, scandaient jusqu'aux entrées et sorties de scène. Le dispositif conventionnel du théâtre, tel que le poursuivait *Au théâtre ce soir*, se banalisait dans la familiarité décontractée d'*Apostrophes*. Pivot jouait les lecteurs lambda, il exagérait la naïveté de ses questions ou de ses réactions. Il revenait à la charge sur les secrets d'alcôve, mais sans insister trop longtemps (d'autant qu'il écoutait à peine les réponses, replongeait dans ses notes et passait à autre chose). Il inventait un nouveau personnage, mélange de Monsieur Loyal et de Monsieur Tout-le-monde, qui cassait le quatrième mur et donnait l'illusion au spectateur d'être présent sur le plateau. Sa bonne bouille ronde, ses sourcils épais, sa curiosité un peu distraite de l'histoire littéraire en faisaient un homme comme mon père.

Les spectateurs, d'ailleurs, étaient présents sur le plateau. Cela n'avait plus rien à voir avec les vieilles dames d'*Au théâtre ce soir*, aux lunettes à double foyer, s'installant confortablement pour applaudir Jean Le Poulain, et renvoyées une fois le rideau levé dans leurs ténèbres. Pendant que les écrivains parlaient à *Apostrophes*, on pouvait, du début à la fin de l'émission, guetter les réactions du public au second plan, déchiffrer les rires, épier un visage émergé du flou. Combien de beautés ai-je interrogées, qui m'intéressaient davantage que le discours devant la rampe ! Derrière la parole de Raymond Aron, je découvrais la figure d'ange de son petit-fils (c'est du moins ce que m'apprirent, le lendemain, des camarades mieux renseignés). Je fabriquais des rêveries, j'ébauchais des romances, je tombais amoureux, dans cet espace qui s'ouvrait au fond de la scène.

Le rendez-vous que j'attendais le plus, c'était l'intervention de Claude-Jean Philippe. Il n'était pas rare que je somnole, en laissant courir les propos de messieurs sérieux, en m'impatientant de l'heure qui tournait et retardait l'apparition du cinéma. Le cinéma, c'était Claude-Jean Philippe. Ce magicien m'ouvrait les portes d'un monde défendu. Il y avait le royaume de la littérature, où débattaient les adultes, et puis cette chambre dissimulée à mon seul profit dans un coin. Tout, chez le présentateur du *Ciné-club*, tenait du parent pauvre. Ses dents gâtées, qu'il laissait voir dans un sourire réjoui. Ses mèches de cheveux, qui retombaient sur le front et que maintenait vaguement une paire de lunettes. Il rabaissait celle-ci pour lire ses fiches, avec la peur de n'avoir pas assez de temps pour conclure. Il était le cousin qu'on invite en bout de table, à la fin du repas, et que l'hôte écoutait l'œil sur la montre, pressé de rendre l'antenne.

Un invité venait à son secours, pour confirmer que *Sourires d'une nuit d'été* ou *To be or not to be*, c'était formidable. Il me semble avoir entendu François Truffaut, diminué par la maladie, retrouver toute sa verve cinéphile au contact de Claude-Jean Philippe. Ce dernier avait la foi des premiers chrétiens. Il se serait jeté au feu, pour faire resplendir le génie de Mizoguchi ou de Murnau. Il n'avait rien à vendre, lui, il n'adorait que des dieux morts (à part peut-être Rohmer, qu'il défendait avec constance, et dont je découvris grâce à lui, dans un demi-sommeil habité, *Ma nuit chez Maud* ou *Le Signe du Lion*. Je rouvrais les yeux, par acquit de conscience, et cela continuait à parler de Pascal, à neiger en noir et blanc, à arpenter les rues désertes. Bien des films que j'ai vus, à ce *Ciné-club*, trouvaient leur prestige morcelé dans la résistance à Morphée).

Il fallait impérativement connaître tous ces films, sous l'injonction d'un prêtre qui me disait que mon salut en dépendait. C'était d'autant plus indispensable que le *Ciné-club* ne présentait que de grands auteurs, estampillés par les *Cahiers du cinéma*, validés par le dictionnaire de Georges Sadoul que j'avais usé jusqu'à la corde. Quand mes directeurs spirituels disaient qu'il fallait voir *L'Année dernière à Marienbad*, j'étais capable de verser des larmes interminables parce que mon père m'avait envoyé me coucher. Jusqu'à des heures indues, je regardais *En quatrième vitesse* ou *Le Grand Sommeil*, en n'y comprenant pas grand-chose à travers mes yeux qui se fermaient. Il y avait un trésor secret à conquérir, une arche sainte cachée au cœur du sanctuaire et de la nuit.

Tenu par Patrick Brion, le *Cinéma de minuit* ne me faisait pas le même effet. Il ne s'intéressait qu'aux petits maîtres, de Maurice Tourneur à Richard Thorpe, ou au catalogue disparate des majors américaines. J'y découvrais la filmographie presque intégrale de Julien Duvivier, ou le bénéfice qu'on trouve, pour accompagner les bandes muettes, à passer n'importe quel disque de musique classique : je fis cette expérience bricolée avec *L'Ange de la rue* de Frank Borzage. Les films diffusés par Brion étaient bruts de décoffrage, et vierges de discours. Il se bornait, d'une voix monotone, bonheur des imitateurs, à lire un extrait des mémoires de King Vidor, à citer une interview de Mauro Bolognini. Il manquait le verbe haut de Claude-Jean Philippe, son panache et sa gravité, ses formules qui avaient du style :

« Chez Alfred Hitchcock, concluait-il (pastiché par moi), le meurtre n'est que la mise en scène du désir. » « Ce que Jean Renoir nous enseigne, c'est la délicieuse frivolité du désespoir. »

Dans la foulée, le beau parleur d'*Apostrophes* proposa une émission qui s'appelait *L'Encyclopédie audiovisuelle du cinéma*. Cela commençait par une ode chantée d'Apollinaire au cinématographe, suivie de montages d'extraits que commentait Jean Rochefort, d'une belle voix mélancolique. Ce que j'entendais, là encore, c'étaient les mots de Claude-Jean Philippe, qui revenaient donner un sens aux images, relier entre eux films et archives, tracer les grands courants de l'inconscient collectif. C'était sensible dès le titre, qu'il donnait à chaque livraison : « René Clair ou l'art des réticences ». Des bandes d'actualités de 1914 rencontraient une séquence de *Paradis perdu*. Maurice Chevalier, chantant un refrain de music-hall, devenait le symbole des années trente. Il y avait bien, dans tout cela, une rhétorique un peu pompeuse, qui était nécessaire à ma griserie. Toutes ces ombres d'avant le déluge étaient sauvées par une parole.

Il m'arrivait de croiser l'homme du *Ciné-club* dans le quartier du centre Pompidou qu'habitait ma mère – et où j'allais, chaque jour, lui demander de l'argent. En rentrant vers ma chambre de bonne du Marais (où je m'étais réfugié pour échapper au huis clos paternel), je l'apercevais, lui qui avait été une star paradoxale du petit écran. Il animait des projections non loin de là, il draguait les filles, qu'il devait, aux terrasses des bistrots, éblouir de ses commentaires sur Fritz Lang. Auteur sans œuvre, et désormais sans tribune, il retrouvait un peu de sa superbe pour un référendum sur les plus beaux films réalisés. Devenu critique de cinéma, j'y participai, étonné que, du fond de cette préhistoire où je l'imaginais, il ait lu mes textes.

Écrivant une biographie de Rohmer, je lui rendis visite, pour l'interroger sur le cinéaste dont il avait accompagné les temps héroïques. Son appartement était presque vide. Je devinais, dans une pièce mitoyenne, toute une collection de VHS à laquelle il fit, me semble-t-il, quelque allusion. Il me demanda peut-être comment faire pour les numériser. Il venait de revoir je ne sais quel film d'Howard Hawks, et était dans le ravissement. Il n'était pas en grande forme, et paraissait seul, avec ces classiques qu'il conservait comme le cousin Pons. Dans le salon désert où nous discutions, je reconnaissais un parfum bizarre, mélange d'absurde et de merveilleux. Je crains de ne pas lui avoir dit, sur le pas de la porte, combien il m'avait fait aimer le cinéma.

Deuxième acte

Entre-temps, il y eut *Bouillon de culture.* J'associe ce titre, intuitivement, au studio où j'emménageai dans les années 1990, dans ce qu'on n'appelait pas encore le quartier Montorgueil. En découvrant cette petite pièce de vingt mètres carrés, où gisaient des tomettes fatiguées, et dont la fenêtre mansardée permettait difficilement de voir dehors, ma mère s'exclama : « Mais c'est *Pot-Bouille* ! » Elle voulait dire, je suppose, le dernier étage de *Pot-Bouille* – puisque le roman de Zola est censé dévoiler, derrière la façade d'un immeuble haussmannien, toutes les strates de la société. Je me plaisais dans ce clapier (autre mot employé par une amie, pour qualifier les lieux). J'y croulais sous les livres, les vieilles revues, les *Petite Illustration*, qui menaçaient de faire s'effondrer l'étagère disposée au-dessus d'une penderie. Sur une planche tenant en équilibre sur des tréteaux, j'avais placé une petite télé, qui inspirait à mon père des sueurs froides. Régulièrement, il me rappelait le risque que cela représentait, l'incendie qui pouvait s'ensuivre. Il m'envoyait des croquis, pour me démontrer par A plus B que les lois de la gravitation étaient enfreintes.

Dans cet espace à peine plus grand que la chambre minuscule que je venais de quitter, j'eus tôt fait, comme toujours, de me sentir prisonnier. J'avais entrevu une liberté pendant les quelques semaines où il avait fallu camper chez l'habitant, le temps que durent les travaux. Hébergé par une amie de ma mère, une psychologue éprise de culture new age, et qui m'avait laissé les clefs de sa garçonnière parisienne, j'avais pris mes quartiers dans l'éphémère. Me retrouver en transit, dans un lieu que ne marquait aucun lien, m'exaltait. Je commençais à écrire pour *Libération*, je chroniquais le *Journal* de Jean-René Huguenin, je m'initiais à Jack Kerouac. Installé enfin dans mes meubles (si l'on peut appeler ainsi deux fauteuils râpés, dans le style années trente, qui me restaient de la maison de ma grand-mère, et un futon qui, à peine déplié, mangeait la moitié de l'espace), j'étais rattrapé par mes rites de vieux garçon.

Tous les soirs, pour créer un suspense et me donner des bornes, je m'obligeais à courir à 22 h 15 au Monoprix du boulevard Sébastopol, pour y acheter une pizza que je réchauffais. La pizza devint, par la suite, l'une de ces crêpes que vendait, au coin de la rue Réaumur, un bonhomme campé dans une guérite. Le prétexte que je m'inventais, pour cette heure butoir, c'était la nécessité d'écouter le *Journal* de France Inter, qui passait un quart d'heure plus tard. Cela fixait des limites à ma solitude, un mur contre lequel m'appuyer. Les visites que je faisais au Duplex, un bar homo où j'avais quelques connaissances, étaient suspendues à ce compte à rebours. Je n'y traînais pas plus d'une heure, au créneau le moins fréquenté, tout en m'étonnant qu'il n'y eût personne. Je me plongeais dans le bouquin de Jean Paulhan sur Félix Fénéon, ou je ne sais quel autre service de presse que j'avais pioché grâce au cahier Livres de *Libé*. Quand dix heures du soir sonnaient, telle Cendrillon, je prenais mes jambes à mon cou, avec la peur que le Monoprix ne soit fermé.

Il y avait aussi la télé. *Apostrophes* avait disparu. À la place, Pivot avait conçu une émission généraliste, où l'on ne parlait plus seulement de livres, mais de l'actualité de tous les domaines de la culture. Valeria Bruni-Tedeschi venait présenter son travail de comédienne, auprès de Lambert Wilson, supposé la mettre en scène dans *Les Caprices de Marianne*. Elle avait, la veille, claqué la porte de ce spectacle. Chacun faisait l'article, dans son coin, loin des débats d'idées de naguère et des déchirements autour d'un thème de société. Monsieur Loyal n'avait plus guère l'air d'y croire – même si, sempiternellement, en conclusion de l'émission, il posait à son invité-vedette une question censée lui faire prendre de la hauteur. « Si Dieu existe, qu'aimeriez-vous, après votre mort, l'entendre vous dire ? »

« Tout est bien. » Voilà une phrase qui pourrait résumer ces innombrables mots de la fin, en ces grises années 1990 qui avaient vu tomber le mur de Berlin, et retomber les enthousiasmes. Elle me ramène vers un auteur qui avait fait son tour de piste dans les derniers mois d'*Apostrophes* : Roger Stéphane. *Tout est bien* est le titre qu'il avait donné à un livre de souvenirs, où il narrait ses rencontres avec des hommes remarquables. Il parlait d'une voix éraillée, trouée par le tabac et l'amertume. Son nœud papillon, son langage soigné le rendaient anachronique, et pourtant il semblait renaître de ses cendres. D'aucuns se rappelaient peut-être qu'il avait été un homme de télévision, et voilà qu'à 70 ans il devenait écrivain. J'acquis aussitôt l'ouvrage, où je fus sensible à certaines pages. Il y évoquait ses amours, dans les années quarante, avec un garçon mort prématurément. La fraîcheur de ce deuil était intacte.

Sous prétexte d'une interview sur Mauriac, qu'il avait filmé dans *Portrait souvenir*, j'allai à sa rencontre. Ses propos furent pleins de sous-entendus, quant à l'homosexualité cachée du grand romancier, et à ses relations troubles avec ses pairs – que Stéphane n'en finissait pas de démêler. Il en finissait si peu que, lorsqu'il reçut les épreuves de l'entretien à paraître, il m'envoya une lettre recommandée, pleine de ratures de couleur bleue et de reproches pour n'avoir pas mis en forme ses propos. Aux transcriptions désinvoltes que j'avais faites (« Il voyait Mitterrand comme un Rastignac »), il en substituait d'autres, plus soutenues (« Mauriac aimait bien Mitterrand, qu'il regardait comme Balzac regardait Rastignac »). Tout en validant, contraint et forcé, les corrections en question, je maudissais ce vieux con.

Trois ou quatre ans après, j'appris qu'il s'était donné la mort. Je fus frappé par cette nouvelle, qui le rendait, plus que jamais, maître de son histoire. J'imaginais sa fin de vie solitaire, la mémoire brisée de son amour de 20 ans. Tous ces hommes illustres, qu'il avait rejoints dans le néant, ne lui avaient servi de rien. Tout était bien.

À la place, à *Bouillon de culture*, il y avait des dandys d'aujourd'hui. Daniel Rondeau, qui avait été l'éditeur de Roger Stéphane, et promenait, orphelin, son spleen et son fatalisme. Il y avait Régis Debray, Bernard-Henri Lévy, que j'ai dû voir souvent chez Pivot, sans être sensible outre mesure à leurs rodomontades. Et, évidemment, Philippe Sollers. Lui aussi, je l'avais interrogé sur Mauriac, dans les jardins de Gallimard, accompagné d'un ami qui vouait à l'auteur de *Paradis* une intense et obsessionnelle admiration. L'entretien fut égrené de paradoxes (« Mauriac était plus à gauche que Sartre ! »), de formules (*Le Cahier noir* devenait « un caillou noir »), de plaidoyers, comme d'habitude, pour un sien Saint qui restait vague. Ce qui me plaisait, c'était surtout de clouer le bec à mon ami (qui ne jurait, outre Sollers, que par Joyce et Faulkner), en lui prouvant qu'on pouvait écrire *Femmes* et admirer *Le Bloc-notes*.

Ce que racontait Sollers, sur le plateau de Pivot, me passait un peu au-dessus de la tête. Il tirait sur son fume-cigarette, la mine réjouie, la tonsure moqueuse. Il laissait parler ses contradicteurs avec l'air de savoir tout mieux que tout le monde, et d'être sûr d'avoir le dernier mot. Cette stature souveraine m'impressionnait. C'était sa période sado-chrétienne, où se mêlaient, de manière peu claire, l'éloge du désir et la référence mystique. Il publiait *La Guerre du goût*, qui achevait de brouiller les pistes et de le rendre insaisissable. Je m'habituais à le voir comme un acteur, à ne goûter en lui que la musique. Une dizaine d'années plus tard, revenant vers lui pour l'interviewer sur Sacha Guitry, je jouis à nouveau de le voir faire son numéro. C'était dans un antre de la Bibliothèque nationale, interdit au public, où il feuilletait un livre maudit de Guitry : *De 1429 à 1942, de Jeanne d'Arc à Philippe Pétain*. Cela devenait – qui l'eût cru ? – *de Jeanne d'Arc à Philippe Sollers.* S'amusant, pour finir, avec la statue de Voltaire, il se livra à un facétieux jeu de cache-cache, tout en contrefaisant les adieux de Jacques Chirac. Il apparaissait, disparaissait, fantôme léger de la littérature.

Le grand écrivain, pour beaucoup de gens de ma génération, c'était Marguerite Duras. Un ami à moi l'imitait chez Bernard Pivot, en cette succursale prestigieuse d'*Apostrophes* que celui-ci avait baptisée *Ah, vous écrivez ?* Il n'était nul besoin de poser la question à Marguerite Duras. Elle faisait les questions et les réponses, elle « faisait l'écrivain », même, et à plus forte raison, quand elle s'exprimait à l'oral. « Tous les hommes que j'ai aimés m'ont fait boire. » (Écrasement de cigarette.) « Du vin. » (Jeu avec les lunettes.) « Rouge. » (Long silence, durant lequel elle fixe les yeux de Pivot, etc.) Ainsi l'imitait l'ami en question, répétant ce numéro ad libitum, sûr de mes fous rires.

Ce personnage qu'elle jouait chez Pivot, pénétré de son importance, parant de tragédie les plus banals événements de sa vie, faisait écran. Ma mère avait beau se passionner pour *L'Amant* (que Duras présentait à la télé, ce soir-là) ou m'inciter à lire *Le Marin de Gibraltar* (qu'elle avait adoré dans sa jeunesse), je me méfiais. L'alcoolisme m'évoquait la déglingue des idoles paternelles. Les sentences m'énervaient par leur côté gravé dans le marbre. Dans un sous-clone d'*Apostrophes* qui se nommait *C'est à lire*, l'auteur de *Moderato cantabile* déclinait ses certitudes. Elle était partout, dans tous les journaux, clamant ce qu'il fallait penser d'un fait divers ou disant son fait au président de la République. Il n'était pas de garçon ou de fille de mon âge qui ne vénérât *Le Ravissement de Lol V. Stein*.

Je confesse avoir éprouvé semblable impatience, en voyant naître à *Apostrophes* l'étoile d'Annie Ernaux. Elle connaissait la consécration avec un livre intitulé *La Place*, et tout le plateau de l'émission bruissait d'un murmure flatteur à son égard. Le livre trônait dans la bibliothèque maternelle, avec sa couverture blanche qui m'intimidait. Combien m'émouvait davantage, chez Pivot, le retour de Béatrix Beck ! La romancière de *Léon Morin, prêtre*, qui avait été la secrétaire de Gide, présentait un ouvrage discret. On l'écoutait, dans un silence poli, sans souci des fées qui s'étaient penchées sur son berceau. Elle avait besoin de mon baiser, pour la réveiller.

On me parle de l'événement que fut, pour beaucoup de jeunes gays, le passage d'Hervé Guibert chez Pivot. Il y eut, paraît-il, un avant et un après. Je n'en ai nul souvenir. C'est peu dire que le sida ne me concernait pas, tant ma vie sexuelle se cantonnait au domaine du fantasme. C'est l'homosexualité tout entière, naguère rêvée comme une terre promise, qui s'avérait un territoire dangereux. Les rencontres que je faisais dans les bars, les verres que je prenais autour d'une piste de danse se heurtaient toujours à un obstacle invisible : un « à quoi bon ? » qui me vouait à rentrer seul, là où, pour les autres, la nuit commençait.

Au Duplex, où je retournais, il y avait un côté intello qui me rassurait. Un groupe d'étudiants, le mardi soir, se réunissait entre « achriens ». C'est ainsi qu'ils se définissaient, en hommage érudit à Renaud Camus. Ils accueillaient des débats avec Roger Peyrefitte, ou bien Dominique

Fernandez, qui venait de publier un nouvel ouvrage sur la pédérastie dans les arts : *Le Rapt de Ganymède*. Dans mon fauteuil Majorelle, de plus en plus râpé, je m'en donnais la lecture à voix haute en me servant d'un magnétophone, qui m'aidait à ne pas m'arrêter pour ne pas penser. Vieille pratique qui remontait à l'enfance, et me valait un stock considérable de cassettes, souvent réécoutées en prenant ma douche. Elles tissaient, autour de moi, un flot de textes théâtraux ou littéraires qui ne s'interrompait pas.

Dans ce bar où se retrouvaient des thésards, je me fis des amis. Avec l'un d'eux, je levai, un soir, un jeune Hongrois qui comprenait mal nos conversations. Au vrai, c'est l'ami en question qui emmena le garçon dans son lit – et moi, pour n'être pas en rade, je suivis le mouvement. Les voyant se livrer à des caresses de plus en plus précises, je me glissai dans le rôle du spectateur avant de lâcher l'affaire. S'il m'arriva d'être dragué, par un étudiant en musique qu'excitaient mes rondeurs, je coupai court à ses ardeurs en exhumant, de dessous le lit, des cordes dont j'eusse aimé qu'il fît usage.

Il fallait du lien. Il fallait du rôle. J'utilisais la rue Montorgueil comme un théâtre, dont le nouveau décor piétonnier me protégeait. À dix heures du soir, fidèle à mon rituel dînatoire, je descendais au Quick qui s'était ouvert en haut de la rue, mais pas dans n'importe quelle tenue. Un justaucorps moulant, un collant, des cuissardes m'assuraient de faire sensation. J'entraînais mon personnage jusqu'aux Halles, qu'on disait mal famées. Un passant me conseilla de faire attention. J'échouais dans les bars avoisinants, où les propos lubriques des hétéros, bière aidant, me plongeaient dans une déchéance délicieuse. Je les invitais à me ligoter, et me trémoussais sous leur regard, feignant d'avoir du mal à me détacher. Ils me cassaient parfois la gueule, des hordes avinées me couraient après. Cela me faisait moins peur, en fait, que de croiser des gens que je connaissais.

Autour de minuit, remontant la rue piétonne en grande tenue, j'entendis, derrière moi, la voix de cet ami de lycée qui moquait jadis ma chasteté. « René Clair ! René Clair ! », hurlait-il dans la pénombre, en clin d'œil au thème guindé d'une thèse que j'avais commencé d'écrire. Je pressai le pas, mal à l'aise sur mes talons hauts, bien décidé à ne pas me laisser rattraper par cette voix indiscrète. Il fit de même, j'accélérai, cela devint une course-poursuite de vaudeville, à laquelle je mis fin en lui claquant au nez la porte de mon immeuble.

Quand passait à la télé quelqu'un qui aurait pu me tracer un autre chemin, je le répudiais. Élisabeth Badinter m'apparaissait comme le Diable, d'abord pour avoir fait scandale, chez Pivot, en décrétant que l'amour maternel n'existait pas. C'est du moins le résumé qu'en faisait mon père, dans le salon décrépit de la rue Saint-Jacques, et je retenais davantage ses commentaires que le discours de l'essayiste. Nouvelle occasion pour lui de vouer aux gémonies les socialistes, et tout ce qui s'inscrivait dans leur sillage. Comme à travers un double vitrage, les idées de déconstruction culturelle, la remise en cause des archétypes familiaux rendaient un son douteux. La beauté de cette femme, qui disait des choses terribles en braquant sur Pivot ses yeux clairs, ajoutait à son côté monstrueux.

L'animateur d'*Apostrophes* et de *Bouillon de culture* faisait les yeux ronds, prenait un air choqué, en la poussant dans ses retranchements. Il l'invitait régulièrement. À propos d'un livre intitulé *L'un est l'autre*, Mme Badinter, les cheveux lisses tirés en arrière, le regard de plus en plus clair, expliquait calmement qu'aujourd'hui, la différence des sexes était devenue une notion très relative. À partir d'une démonstration où intervenaient les chromosomes, elle voulait croire que les hommes étaient prêts à échanger avec les femmes leurs attributs. Ce froid constat me jetait dans le malaise. Je ne voyais que trop, dans la rue, des garçons portant cheveux longs ou boucles d'oreille, et dont le look androgyne me fascinait. Il y avait toujours une main de fille, que le jeune homme tenait dans la sienne.

Si le mec aux cheveux longs était seul, je n'osais pas pour autant lui adresser la parole. Il était forcément hétéro, ce qui me renverrait à ma solitude. Assis à ses côtés dans le métro, je tournais la tête vers lui pour lui signifier mon intérêt. À une station située vers La Fourche, le garçon se leva et se dirigea vers un couloir. Il se retourna vers moi. Je restai, face à son regard que je ressassais ensuite du fond de ma honte, aussi immobile que devant un écran de télévision.

Je restais sensible, je le dis sans fierté, à certains prophètes de la réaction. Aux Pauwels et Dutourd de naguère avait succédé (c'était plus noble parce qu'il enseignait à la Sorbonne, et se drapait dans une rhétorique cultivée) Marc Fumaroli. J'ignorais tout à fait ce nom quand je vis surgir, un beau soir, sur le plateau de *Bouillon de culture*, un homme d'âge mur aux lèvres pincées, coiffé d'un casque de cheveux blancs, et débitant sans hausser le ton des méchancetés étayées sur Jack Lang. Le socialisme au pouvoir avait eu maints détracteurs. Celui-ci brillait singulièrement, avec son fiel qui s'enrobait de références à Louis XIV, de comparaisons avec Malraux, que sais-je ? Peut-être avais-je besoin, pour nourrir les aigreurs héritées de mon père, d'un aliment plus substantiel que les chroniques de *France-Soir.* J'étais passé par la fac de lettres, où j'entendais résonner, dans les couloirs, ce nom de Fumaroli paré de prestige.

Je recueillis par la suite, à son sujet, des échos moins sublimes. Un mien ami, qui avait déjà un nom à *Libération* alors que je commençais timidement à y piger, me raconta comment il s'était retrouvé entre les griffes du Maître. Préparant un mémoire sur le fragment, de La Rochefoucauld à Cioran, il s'était aperçu que la bienveillance du professeur Fumaroli, qui ne se portait guère sur les étudiantes, aboutissait à des soutenances en robe de chambre. Adoubé par l'auteur de *L'État culturel* (au sein d'une équipe de pigistes que celui-ci supervisait à *L'Express*), il fut témoin de ses manœuvres pour occuper le terrain, face au retour redouté du chroniqueur en titre, Angelo Rinaldi. Las ! L'auteur des *Roses de Pline* reprit son poste, et Fumaroli, entre ses dents, lâcha une épigramme qui n'avait plus rien à voir avec Voltaire : « Mathilde est revenue. »

Cet envers du décor me demeurait en mémoire, lorsque, dans une vie postérieure, j'eus enfin l'honneur de croiser Marc Fumaroli. J'avais décroché un poste d'enseignant dans une université américaine, où il venait, une fois l'an, assurer pour une somme rondelette un semestre de cours. Il était accueilli en star internationale, et son séminaire (sobrement intitulé « Chateaubriand et les Muses ») se réduisait à quelques semaines où il tenait salon, entouré de thésardes. Sous les boiseries du vieux campus, face à des étudiantes d'âge avancé qui planchaient sur les amours de Benjamin Constant, il lisait des extraits des *Mémoires d'outre-tombe*. En de certains endroits, où agonisait Mme de Beaumont, il écrasait une larme. Entre deux cours, je le croisais à la cafétéria traînant son spleen, pressé de s'en retourner à Paris. Je n'osais pas lui adresser la parole.

Lors d'un dîner, je m'enhardis. C'était à l'issue d'un workshop auquel il avait daigné assister, et où un doctorant de *Romance Languages* déclinait un *paper*. Dans ce cadre aseptisé, on débattait de la réception des romans de gare dans le Bas-Berry des années 1830. C'était un bouillon de culture à la bonne franquette, et l'on concluait le tout par un plateau de fromages arrosé de vin rouge. Ces réjouissances se prolongeaient dans un restaurant des environs. J'y restai coi face aux envolées du Maître, mais me permis, entre la poire et le brie pasteurisé, de me mêler à la conversation. Celle-ci roulait sur les *Mémoires d'outre-tombe*, que je découvrais alors, dans les vastes plages de temps que me laissaient mes week-ends solitaires. J'avais un peu de mal, je l'avoue, avec le tunnel que représentait à mes yeux l'évocation de Napoléon, et je ne relisais pas le *Voyage en Amérique*, qui ne m'avait causé, au temps de la Sorbonne, que de l'ennui. Cela ne diminuait en rien mon enthousiasme, qui m'inspira un cri du cœur. « Je suis en train de lire les *Mémoires d'outre-tombe*… Tout de même, qu'est-ce que c'est bien ! » Fumaroli me fixa d'un œil froid. Il prit son air le plus Talleyrand, et laissa tomber, dans un lourd silence : « Mais… oui… » On parla d'autre chose. Je n'entrerais jamais dans la cour des grands.

L'Amérique, c'était pour les parents. Mon père relisait Kerouac. Il peaufinait, à son sujet, un scénario de film auquel ma mère prêta la main. Cela s'appelait *Jack le vagabond*, et racontait les grandes étapes, amicales et littéraires, de la vie de l'auteur beatnik. Je lisais la chose en diagonale, peu sensible à cette mystique du déracinement. Quand j'allais voir ma mère dans le Connecticut, où elle enseigna une année, je m'intéressais aux vieilles pièces de théâtre françaises, que la bibliothèque du campus divulguait en accès libre. Je m'en retournais attristé, parce que le musée Marcel-Carné, que j'espérais visiter à Boston, était fermé. Au labo photo du Quartier latin où je faisais développer mes pellicules, je découvrais les clichés que j'avais pris aux États-Unis. On m'y voyait auprès de ma mère. Un vent terrible soufflait sur l'Empire State Building, et moi, engoncé dans mon loden, je baissais les yeux.

Quand Bernard Pivot recevait une figure américaine, c'était la grand-messe à la maison. Mon père se précipitait pour acheter le livre d'Yves Berger (*Le Fou d'Amérique*). Il retenait son souffle pour saisir les propos de Norman Mailer, dispensés par le truchement d'une oreillette pour la traduction des questions. Je confondais Norman Mailer et Henry Miller. Cela devait parler de cul, de déglingue ou d'alcool. Les titres des livres (*Sexus*, *Les Nus et les Morts*) ne me rassuraient guère. Tout cela sentait le soufre et m'ennuyait. Mon Américain à moi, c'était Julien Green. Il était né en France. Il avait embrassé la religion catholique. L'Amérique qu'il évoquait était celle de Hawthorne, des vieilles universités du Sud, où l'on n'osait avouer son amour pour un garçon. Je retrouvais ces thématiques, mises au goût du jour, dans les succès de la scène new-yorkaise des années cinquante. Par exemple, dans *Thé et Sympathie*, histoire d'un garçon trop délicat, sur un campus, que ses camarades soupçonnent d'être homosexuel. Une patiente âgée de mon père, à qui j'annonçai mon intérêt pour *La Chatte sur un toit brûlant*, jugeait que ce n'était pas convenable.

Tennessee Williams m'emmenait vers Elia Kazan. Le Kazan chroniqueur du rêve américain éclaté, celui *d'America America* ou de *L'Arrangement*, passionnait mes parents. Moi, je préférais le Kazan théâtral et pathétique de jadis : celui d'*Un tramway nommé désir* (où Vivien Leigh, jouant les dames aux camélias vieillissantes, m'évoquait ma mère) et, surtout, d'*Un homme dans la foule*, découvert au *Ciné-club* de Claude-Jean Philippe. Ce film décrivait, avec un luxe d'effets mélodramatiques, l'ascension et la chute d'un démagogue de télévision. Cette Amérique-là, donnée en spectacle avec cruauté, me parlait. Que Kazan eût livré des noms, pour céder aux sirènes du maccarthysme, ne faisait qu'ajouter à son aura un peu maudite. Quand il passa à *Apostrophes*, pour présenter son autobiographie, mon père et moi regardâmes l'émission de concert. Henri Herpe aimait ce genre d'icônes d'une masculinité cabossée. Répondant à travers l'oreillette aux questions de Pivot, le vieux boxé m'impressionnait.

Ma mère m'entraîna à la Cinémathèque française, pour y voir, du même Kazan, *Le Fleuve sauvage* (ou *La Fièvre dans le sang* ?). Le film me parut trop touffu, pas assez empreint de cette emphase démodée qui marquait les morceaux de bravoure de l'Actors Studio des fifties. La séance était présentée par un certain Michel Ciment.

Je m'étais muni de ma Kodak Retinette, avec laquelle je photographiais, du fond de la salle de Chaillot, le grand Kazan qui était là en personne. Il y avait beaucoup de monde, et, placé où j'étais, je ne pouvais fixer que des silhouettes. C'était déjà ça, que je classais pieusement dans mes archives. L'Amérique se rapprochait.

Bernard Pivot s'invitait chez moi. Cela arriva au moins une fois, parce que je connaissais quelqu'un qui eut les honneurs de *Bouillon de culture*. C'était une femme de l'ombre, dont le métier était d'écrire, dans le plus grand secret, les mémoires de comédiens célèbres. Elle était la plume cachée de Jean-Claude Brialy, d'Annie Girardot ou de Danièle Delorme, et j'aimais, auprès d'elle, reconstituer le chemin qui va de la parole à l'écriture : comment des confidences, enregistrées librement au magnétophone, devenaient, grâce à sa rêverie, un texte. Ce soir-là, l'enjeu était tout à fait différent. On lui avait confié un travail de bénédictin, de copiste, qui consistait à transcrire les souvenirs d'un journaliste célèbre. Frappé du « syndrome d'enfermement », figé dans un mutisme et une paralysie qui le clouaient sur un lit d'hôpital, il ne communiquait qu'en remuant une paupière. À chaque lettre que lui proposait son scribe, il la soulevait tel ou tel nombre de fois, pour former une phrase.

J'étais sidéré par la difficulté de l'exercice, et la patience qu'y mettait Claude. J'ignorais s'il allait en sortir une grande œuvre littéraire, mais c'était une expérience extraordinaire, qui faisait d'elle, soudain, l'auteur de son auteur. Cela comblait sa vocation maternante, même si sa marge de manœuvre était plus limitée qu'avec Pierre Mondy ou Marie Dubois. Chaque jour qu'elle passait à Berck-sur-Mer, à dénombrer les battements de paupière de l'emmuré vivant, il se créait entre elle et lui un lien qui ne ressemblait à rien. Entre deux trains, elle me racontait, et je lui prêtais des livres qu'elle pût lui lire, là-bas, une fois leur journée de travail terminée. C'était *Enfantines* de Valery Larbaud, qu'ils adorèrent. C'était *Moïra* de Green, qu'il jugea, pour sa part, un peu « chochotte ». Ces histoires de garçons qui se battent pour ne pas coucher ensemble devaient paraître un peu dérisoires, dans l'état où il était, à l'ancien reporter de *Paris Match* qui avait été couvert de femmes.

Près d'être fini, *Le Scaphandre et le Papillon* avait donné l'idée à Jean-Jacques Beineix de réaliser un documentaire. Sous cette étrange dictée, il avait filmé les tâtonnements de l'écriture, et les à-côtés dans les couloirs déserts, où Claude repartait mélancolique. La mort était passée. Tout cela prêtait un caractère exceptionnel à l'émission que consacra Pivot à cet événement éditorial. En marge du film de Beineix, Claude disait, avec ses propres mots, ce qu'avait été cette histoire. Je me mettais à sa place, qui n'était pas simple. Je guettais, entre les lignes, les phrases qu'elle taisait.

J'avais mes petits *Bouillon de culture*. Je m'étais socialisé à travers la pratique, bon an mal an, du journalisme, qui me rapportait peu d'argent mais me faisait rencontrer des gens. Tous les jours, je continuais à faire le trajet me séparant de chez ma mère, qui me refilait de quoi survivre. Mes piges à *Libé*, mes contributions à *Positif* m'apparentaient à un clochard qui se pavane dans les salons. Je recevais des services de presse, j'allais au festival de Cannes, je tirais le diable par la queue. Je jouais les Pivot du pauvre, en allant interviewer, pour trois francs six sous, des éditeurs qui me fourguaient leur camelote. Je proposai à l'un d'eux de faire un livre où je réunirais tous les textes que Mauriac avait consacrés aux dramaturges de son temps. Il accueillit l'idée avec enthousiasme, jusqu'à l'instant où je lui précisai que *Libé* ne chroniquait pas les parutions de ses collaborateurs. Il ne me donna plus aucune nouvelle.

L'écriture était une souffrance. Je me revois essayant d'achever un article sur *Le Bloc-notes* de Mauriac. Il y avait trop à dire, et à citer. Il fallait plaire à une rédaction, et à des lecteurs, qui ne partageaient guère mes tasses de thé. À onze heures du soir, j'y étais encore, sacrifiant mon rituel parcours vers le marchand de crêpes, me saoulant de verveine pour mettre des coups d'arrêt à mon angoisse. Il était crucial, pour ne pas sombrer, d'avoir écrit au moins trois feuillets avant de me coucher. L'urgence du papier à rendre finissait par l'emporter. Je sortais de ces marathons de dernière minute épuisé, exalté, persuadé qu'écrire était un horizon que je n'atteignais que par détours.

Je fréquentais des journalistes. Mon studio de la rue des Petits-Carreaux se transformait régulièrement en cabine des Marx Brothers. Les pizzas surgelées de mon ordinaire étaient remplacées par les tartes salées de chez Stohrer, un traiteur chic du quartier, qui me donnait l'illusion, quelques heures durant, d'être un grand seigneur. Je recevais des gens connus, obligés de s'asseoir par terre parce qu'il n'y avait plus de chaise disponible, et de subir, jusqu'à plus soif, les questions d'un quidam insistant. Il y avait un mélange d'élitisme et de je-m'en-foutisme, qui imitait l'atmosphère d'un plateau de Pivot (voire du *Droit de réponse* de Michel Polac, où l'on fumait et gueulait beaucoup, comme chez moi). Il n'y manquait pas, au fond de la pièce, l'étagère au-dessus de laquelle les livres dégringolent. Ils finirent d'ailleurs, *off record*, par s'effondrer littéralement. Une fois ce beau monde parti, je m'écroulais sur mon lit. Je me repassais sans fin le film des visages, ou des persiflages. La télé, elle, tenait toujours en équilibre instable sur ses tréteaux.

Entracte

Des visages surgissent, du fond du temps. Des visages qui s'articulent avec des mots, et qui font des scènes aux autres (à l'intention des autres). Pourquoi, dans le chaos où tout cela a sombré, est-ce la figure de Georges Simenon que je vois se préciser ? Il avait droit au tête-à-tête, au confessionnal feutré, loin des grandes orgues du plateau d'*Apostrophes*. Pivot déclinait son rôle de prêtre intrusif, avide de faire avouer à l'interlocuteur un secret déjà écrit. Il fallait faire de l'audience, et créer le désir d'acheter le livre, en donnant à entendre, en direct, l'éclatement de la vérité. Avec Simenon, il rencontrait un homme de spectacle à sa mesure. Le vieil écrivain, déguisé en cow-boy, les lunettes soutenant le regard, savait jusqu'où il pouvait se permettre de choquer, en racontant sa monstrueuse aisance de plume et ses bonnes fortunes. Ce soir-là, il cherchait la limite de ses pouvoirs.

Il était question de sa fille, qui s'était donné la mort. Elle portait un prénom dans le style de l'époque : Marie-Jo, ou Marie-Lou. On voyait apparaître, sur l'écran de télévision, des photos d'elle. Il actionna un magnétophone, et l'on entendit la voix de la jeune femme, se livrant, à son adresse, à une espèce de lettre d'adieu. On écoutait moins ce qu'elle disait qu'on ne regardait Simenon, s'infligeant cette étrange épreuve. Moi, je m'identifiais au fantôme, gardé prisonnier d'une bande magnétique, et rappelé à la vie, à volonté, par un tyran tendre.

Voici une autre scène. Elle m'évoque ces morceaux choisis du répertoire dramatique, que je me plaisais à enregistrer tout seul dans mon coin. Dans *Les Corbeaux* d'Henry Becque, je jouais à la fois Mme de Saint-Genis, la belle-mère austère qui vient annoncer la rupture des fiançailles, et la pauvre Blanche, que la ruine de sa famille voue au désespoir et à la démence. « Qu'est-ce que c'est que ce langage de fille perdue ! » J'adorais, en disant cette réplique, faire tomber le couperet sur des amours imaginaires. C'est une sensation de cet ordre que j'ai dû ressentir, le jour où Ginette Guitard-Auviste fut reçue à *Apostrophes*. Elle avait écrit une imposante biographie de Jacques Chardonne, auteur qui devait un retour de flamme à son terroir partagé avec Mitterrand. *Les Destinées sentimentales* me tombait des mains. Sur la couverture de l'édition de poche, mon père gravait, rageusement, des lignes du genre : « Le titre est mauvais. Le style aussi. » « C'est un con et un fasciste. » Malgré mes efforts pour effacer ces phrases, elles restaient lisibles en filigrane de la jaquette cartonnée.

Amoureux en principe des combats d'arrière-garde, je suivais les efforts de Ginette Guitard-Auviste pour réhabiliter son grand homme. Il y avait là une jeune fille qui devait parler après elle, et qui présentait, justement, un livre intitulé *Corps de jeune fille*. Elle y exposait, avec une crudité encore susceptible de choquer à cette époque, son intimité amoureuse et ses fantaisies sexuelles. Mme Guitard-Auviste, qui avait gardé un ton mesuré pour faire l'éloge de Chardonne, n'y tint plus. Elle fustigea la médiocrité du style, ou plus probablement le peu d'intérêt de ces confidences sur l'oreiller. Je compatissais à l'humiliation de la débutante malmenée, et qui ne trouvait guère les mots qu'il aurait fallu pour se défendre. Je jouissais de cet affrontement spectaculaire, où l'interdit reprenait forme.

J'avais le goût des mères castratrices, autant que des pères fouettards. J'étais tombé sous le charme, à *Apostrophes*, d'une poétesse qui s'appelait Marie-Claire Bancquart, et qui éditait Anatole France dans la Pléiade. Je suivais ses cours à la Sorbonne, où elle me paraissait moins étriquée que les mandarins habituels. Dans son séminaire de maîtrise, consacré à l'« année littéraire 1956 », elle parlait lentement, rêveusement, en fixant le plafond et en égrenant des noms mystérieux. Grâce à elle, je découvrais l'existence de Noël Devaulx et la poésie d'Aragon. À la bibliothèque du centre Pompidou, bonheur du photocopieur, j'amassais de la documentation sur *La Nouvelle Revue française* en cette année prestigieuse. Lors de la soutenance de mon mémoire, qu'elle dirigeait, elle conservait sa tête de sphinx, fixant, au-delà de ma personne, on ne sait quel point invisible. Nullement impressionnée par les inédits que j'exhumais, elle me reprocha de n'avoir « pas compris Mauriac ».

En me retournant sur l'oreiller, dans cette nuit où tout retombe, je me demande ce qu'elle est devenue.

Troisième acte

La première chose qu'on fait, quand on visite le site de l'INA, c'est de s'y chercher soi-même. Ainsi fit mon ami Dominique Noguez, sans doute, dès que je lui eus confié mes précieux codes d'accès (et que j'eus le dos tourné). Pour la bonne bouche, nous étions convenus de regarder ensemble sa réception chez Pivot, vingt ans plus tôt. La formule n'est pas excessive : dans les années 1980 et celles qui ont suivi, c'était plus important que l'Académie française. Dominique se rappelait l'émotion qui entourait ce rite de passage, la grosse attente de l'éditeur, les recommandations de l'attachée de presse. À présent, on prenait place dans mon sous-sol encombré de livres, sur un futon où mon chat avait laissé des traces funestes. Non sans mal, j'essayais de mettre en marche le projecteur, malgré les intermittences du réseau et mon incompétence technique. Dominique reprenait un peu de champagne, aussi traqueur qu'à l'époque.

Il n'avait guère brillé à *Bouillon de culture*. Les ventes de son livre en avaient pâti. Couronné pourtant par le prix Femina, c'était le récit, très indirect, d'un rapport de dépendance amoureuse à un garçon qui le menait par le bout du nez. Le jeune homme, en devenant personnage romanesque, s'était transformé en jeune femme, et les pistes avaient été brouillées. C'était compter sans l'insistance de Pivot : Sainte-Beuve patelin, il jouait à l'instant décisif de ses coups de patte félins, pour faire dire à l'invité des choses qu'il n'avait pas prévu de dévoiler. Cela ferait de l'effet dans les chaumières, et donnerait à l'émission une audience bien au-delà du cercle littéraire. Il fallait toujours, derrière l'écrivain, qu'il n'y eût qu'un homme plein de misères.

Dominique ne voulait pas jouer ce jeu. Il était de ceux qui s'obstinent à croire à la différence entre le récit et l'autobiographie. Il n'avait nulle envie de révéler, à la face de la France, une homosexualité qu'il tenait secrète jusque dans les salons parisiens. L'un de ses partenaires de plateau était Jean-Marie Gustave Le Clézio, dont la beauté et l'éloquence, pour décrire le mouvement profond de ses livres, intimidaient. Mon ami n'en menait pas large. Engoncé dans un costume trop élégant, coiffé en brosse, à la

Montherlant, il avait l'air d'attendre de passer son certificat d'études. Pour tuer le temps, je lui versais une nouvelle coupe de champagne.

Pivot se tourna vers lui. Fidèle à la tradition de son cher Gide, l'auteur d'*Amour noir* avait préparé son propos. De sa voix pointue, il détaillait le thème de son ouvrage : la soumission d'un homme à une femme qui l'entraîne dans les abîmes de la passion. Il marchait sur des œufs, qu'il n'était pas question de casser, comme Mme Robbe-Grillet. Le regard de Le Clézio était limpide. Cela ne faisait pas l'affaire de Pivot, qui craignait que le spectateur ne s'ennuie. « Mais, enfin, avouez-le, Dominique Noguez… C'est un peu vous, ce personnage. C'est votre histoire d'amour que vous racontez. » Cette phrase, qu'il avait dite à tant d'invités (pas mécontents d'être ainsi démasqués), suffit à déstabiliser Dominique. Il devint rouge de confusion, bafouilla des dénégations embarrassées, se terra dans le silence.

Je souffrais pour lui, et en même temps je l'aimais d'avoir raté son grand oral. Cela le rendait beaucoup plus proche de moi que Le Clézio. Nous allâmes dîner. Il me conta le pot, après l'émission, où il avait tenté de rattraper le coup auprès de Pivot. Les caméras étaient éteintes. Il voulait toujours, après le repas, prendre un dernier verre, retarder l'heure où il faudrait se coucher seul. Il souffrait d'insomnies, au milieu des bouquins qui gisaient par terre, depuis que sa bibliothèque s'était écroulée. Peut-être songerait-il, sans pouvoir dormir, à ce qu'il aurait dû dire.

Je n'étais jamais passé à *Apostrophes*. Je n'avais le droit que d'y guetter, vingt ans après, le reflet du jeune homme que j'avais été. Par exemple, je revoyais la fameuse émission de 1981 où Caroline Mauriac présentait la correspondance de son beau-père. Tout était conforme à mon souvenir, en plus précis. Ces messieurs chenus, face à elle, n'étaient pas d'un âge si respectable : c'était Jean Tulard, historien de l'Empire au verbe haut, que j'avais croisé entre-temps dans des ciné-clubs. C'était Roger Vrigny, écrivain délicat, qui m'avait reçu quelques années plus tard dans son émission *Lettres ouvertes*. Je ne reconnaissais pas mes émotions d'alors.

Ailleurs, Claude Mauriac était fidèle au poste, disant avec sa pudeur proverbiale, la main sur la bouche, la tendresse blessée qu'il vouait à son père. Je retrouvais des lambeaux de phrases, des liens minuscules avec ma jeunesse. Cela ne suffisait pas à me faire revivre, tel que j'étais à 20 ans, dans le salon poussiéreux de la rue Saint-Jacques, regardant tous ces hommes illustres et rêvant à leur destinée. J'avais plutôt besoin de ces écarts avec la mémoire, qui rendent au passé sa fraîcheur. Soudain, un mot saisi au vol, lancé par Pivot, hasardé par un invité, résonnait en moi. Je l'avais entendu, un vendredi soir de 1985 ou de 1986, et il m'était rendu intact. Quelques secondes, je glissais dans le ressenti d'un adolescent d'autrefois, pris entre les vieilles barbes de l'ère de Gaulle et les illusions des années Mitterrand. J'avais l'impression passagère de saisir la présence, devenue étrange, derrière ces postures et ces vêtements antédiluviens, d'un sentiment d'être moderne. Tout ce beau monde (y compris moi) était mort, et croyait être vivant.

C'était singulièrement troublant avec les fantômes de l'Occupation. Ils avaient encore leur mot à dire à *Apostrophes*, et leur confrontation avec le présent produisait des courts-circuits et des étincelles. Maurice Bardèche, rescapé de la collaboration, défendait les éructations antisémites de Robert Brasillach face à un Bernard-Henri Lévy débordant de colère. Si son beau-frère avait écrit, dans *Je suis partout*: «Débarrassez-nous des Juifs en bloc, et surtout n'oubliez pas les petits», c'était par mesure d'humanité, pour que les enfants ne fussent pas séparés de leur mère. René de Chambrun, gendre de Pierre Laval, faisait l'éloge du premier ministre du maréchal Pétain. Il avait, à l'en croire, protégé les intérêts français. Certes, il y avait eu cette malheureuse phrase («Je souhaite la victoire de l'Allemagne»), mais il convenait de la réinscrire dans son contexte, et de la citer dans son intégralité («parce que, sans elle, le bolchevisme demain s'installerait partout»). M. de Chambrun semblait sincèrement croire, ce disant, que l'assistance allait accorder les circonstances atténuantes.

Des abîmes s'ouvraient, me rendant directement sensible le passage du temps. José Cabanis, essayiste distingué qui publiait sous couverture blanche, parlait de son nouveau livre sur je ne sais quel écrivain catholique de sa dilection. Il se métamorphosa sans crier gare en Blaise Pascal, renvoyant à leur néant tous ces palabres cathodiques. «Quand on aborde à la cinquantaine, on se voit, d'ici quelques années, réduit à l'état de charogne.» Dans la version médiatique du dîner en ville qu'était *Apostrophes*, ce glas sonnait sombrement. Il était difficile, après cela, de parler d'autre chose. Moi qui n'étais pas loin de la cinquantaine, je me tournai vers Wikipédia, pour savoir combien d'années il restait alors à vivre à José Cabanis.

Tout cela, je le redécouvrais lors de mes pérégrinations vespérales sur le site de l'INA. Affalé sur mon canapé, je remontais le cours du temps pour y toucher, de l'intérieur, un lien qui bouge.

Saint Ambroise est, paraît-il, un saint qui aurait subi sans y céder la tentation de la chair. C'est sous ce signe que j'ai planté ma tente, il y a quelques années, non loin d'un square qui porte le nom d'un martyr de la Résistance. Cela ne ressemble pas à un appartement. C'est une ancienne échoppe, vouée, au XIXe siècle, à ferrer les chevaux, et devenue par la suite une étude d'architecte. Elle s'orne d'une multitude de petits spots, au plafond, qui évoquent les grilles d'éclairage d'un plateau de cinéma. Une grande baie vitrée donne sur la rue, me rendant visible depuis l'extérieur quand je suis assis face à mon ordinateur, et laisse mes yeux errer hors de la page blanche. Il n'est pas rare que je croise le regard d'un passant, étonné de me trouver là.

Cette boutique constitue mon bureau, mon salon et ma pièce à vivre. Selon l'usage en ce genre de lieux, on y voit s'ériger deux piliers, peut-être pas étrangers à mon choix de m'installer ici. Ils délimitent l'espace et encadrent mes rêveries, sur tout ce que je pourrais faire dans ce décor. Des lectures de textes oubliés, des représentations d'amateurs. On pourrait caser, au maximum, en se serrant bien, une vingtaine de spectateurs, et du côté de la baie vitrée, on pourrait aménager une scène. La pièce d'à côté permettrait de recevoir les gens, et après la performance, on boirait un verre dans le jardin en arrière-cour. Quant au sous-sol, il ferait office de loge, où les artistes pourraient se préparer, avant d'apparaître devant le public.

Il faudrait, comme le reste, l'aménager. Un pauvre futon, que j'ai grand-peine à replier sur des lattes de bois qui grincent, en est l'unique mobilier. Tout autour, mes livres sont rangés dans l'ordre alphabétique de nom d'auteur, avec des revues et des dictionnaires qui viennent couronner le tout. Pour les protéger de l'humidité qui menaçait, j'ai fait déboucher la grille d'aération. Cela plonge cette pièce (chacune des rares fois où j'y descends, je m'en rends de plus en plus compte) dans un froid sibérien. J'ai renoncé à faire marcher le système de projection installé. L'écran est trop petit. Il faut se livrer à des manipulations interminables, pour que l'image ne déborde pas. Afin que le projecteur adopte le bon ratio, j'use d'une télécommande qui me force à mettre la tête à l'envers. J'ai oublié les branchements qui sont requis, pour passer du lecteur DVD à l'ordinateur ou au lecteur de Blu-Ray, et vice-versa. Le fil qui relie cet ensemble à des enceintes a été grignoté par le chat, me faisant craindre, quand je m'en empare, d'être électrocuté.

Je me replie sur mon canapé, au rez-de-chaussée, où je regarde de vieux *Apostrophes*. Lui aussi a été dévasté par le chat, mais je n'ai pas les moyens de m'en acheter un autre. À travers la vitre, des inconnus me découvrent affalé devant mon Mac Book que j'ai posé sur une chaise. J'ai la flemme de fermer les stores, tant pis pour le spectacle. La plateforme de visionnage de l'INA s'est amenuisée, jusqu'à ne plus occuper qu'une moitié de mon écran déjà modeste (sans compter le logo du site qui vient s'inscrire en filigrane dans les images). Je ne cherche plus à résoudre ces problèmes techniques, je m'enfonce dans le passé.

Une longue recherche peut s'imposer, avant de tomber sur l'*Apostrophes* qui va déclencher mon désir. « Les écrivains sont de drôles de zigues. » Les titres de chaque livraison m'éclairent moins que les noms réunis à l'affiche : l'envie d'aller à la rencontre de quelqu'un, qui, sans moi, n'aurait plus l'occasion d'avoir voix au chapitre. Voici Suzanne Prou, qui parle de ses années d'apprentissage en Asie. Elle distille ses souvenirs, avec une douceur teintée de cruauté. J'essaie de retracer intérieurement le regard qu'elle pouvait avoir sur sa carrière, en ces heures de gloire où Pivot l'invitait. Voici Madeleine Chapsal. Elle m'émeut en décrivant, sur un ton qui a disparu du paysage littéraire, l'amour fou d'une femme pour un homme.

Qu'est-ce que je cherche, à travers ces explorations de fin de soirée, pendant qu'autour de moi, dans la rue, de vrais gens marchent et vivent ? Un corps va peut-être sortir de l'image, franchir la scène où nous sommes enfermés.

Un ami m'envoie un extrait d'*Apostrophes*, qu'il a déniché sur Facebook. Il s'agit de la fameuse émission où apparaît Truffaut, affaibli par la maladie, embelli d'une écharpe blanche qui lui donne l'allure d'un vieil adolescent mélancolique. En face, il y a Roman Polanski, qui raconte sa jeunesse cinéphile en Pologne et le mépris dans lequel il tenait alors la Nouvelle Vague. Ces films lui semblaient réalisés n'importe comment. Truffaut proteste. Cette joute verbale, pour certains, est un moment culte, de ceux qu'on balance sur YouTube avec un titre-choc : « Polanski tacle violemment Truffaut. »

En pâture aux réseaux sociaux, l'INA livre des coups de gueule, censés parler à notre époque. Marguerite Yourcenar fustige les contradictions du féminisme. Elle se moque de ces magazines où l'on prétend défendre l'égalité entre hommes et femmes pour mieux vanter, trois pages plus loin, les mérites d'un maillot amincissant ou d'une crème de beauté. Annie Le Brun, seule dans son coin, joue les Jeanne d'Arc de l'anti-MLF face à Gisèle Halimi et ses amies, qui se rengorgent dans leur fureur.

À ces ancêtres devenus mythiques des clashs d'aujourd'hui, je préfère ceux que je découvre par moi-même. Venu défendre je ne sais quel livre, Guy Hocquenghem garde le silence devant Georges Suffert, qui fait l'article pour sa boutique. Pressé par Pivot de donner son opinion sur l'ouvrage de son confrère, Hocquenghem dit tout net à celui-ci quel rôle il joue dans le jeu littéraire : celui de fournir, à la rentrée de septembre, un produit de tout repos qui ne dérangera pas le système, et répondra aux attentes du *Figaro*.

Pascal Jardin vient de publier *Le Nain jaune*, où il évoque son père, grand commis de l'État qui servit Vichy, aussi bien que les IIIe et IVe Républiques. Des anecdotes amusantes viennent parsemer son propos. Le récit, par exemple, d'une soirée coincée au faubourg Saint-Germain. Père et fils, éméchés, y sont surpris par la maîtresse de maison en train de comparer la puissance de leur jet urinaire. Insensible à ce folklore vieille France, Alain Jouffroy, un surréaliste impénitent qui a connu André Breton, répond à Jardin qu'il n'est pas du côté de la littérature.

Mon père, lui, adorait *La Guerre à neuf ans*, précédent livre du même auteur où figurait déjà le « nain jaune », personnage aussi flamboyant que sulfureux. On n'aurait pas pu, de concert, aller pisser chez les duchesses, parce qu'à ses débordements j'opposais mon côté Alain Jouffroy. J'essayais de redresser son idéal, de lui rappeler qu'à 20 ans, il avait interviewé André Breton. *La Guerre à neuf ans* ? Ce n'était qu'un bouquin lu et relu par lui, à la couverture abîmée, et qui gisait sur son radiateur entre des piles de journaux.

Ce qui m'a donné envie de regarder Pascal Jardin à *Apostrophes*, c'est l'une de ces boîtes à livres qui fleurissent à chaque coin de rue. On y trouve pêle-mêle des collections du *Reader's Digest*, des numéros de *Science et Vie*, les best-sellers d'A. J. Cronin ou d'Henri Troyat. En y piochant, je soulève le voile sur le style de Gilbert Cesbron ou d'Henry Bordeaux. Je rapporte chez moi des bouquins qui se résumaient, à mes yeux, à une prestation chez Pivot : *Le Pied* de Jean-Louis Bory, vaste divagation picaresque marquée par l'esprit libertaire de ce temps-là, moins drôle que ne l'était son géniteur. Ou bien

– qui l'eût cru ? – *Le Nain jaune*. C'est une édition genre Club français du livre, plus stylée que les vieux livres de poche de mon père.

J'y retrouve celui-ci en filigrane, derrière le haut fonctionnaire fantasque auquel il s'identifiait – et qui saute à pieds joints depuis la fenêtre du premier étage. Je reviens, à travers ces pages, à un roman jamais fini.

J'ai du mal à prétendre être écrivain. Construire un roman, composer un ouvrage, cela soulève en moi le vertige de l'infini, ou d'une limite introuvable à laquelle je me cogne. Je ne suis à l'aise que dans le journal intime, tenu avec nonchalance du temps de ma jeunesse, poursuivi plus régulièrement à partir de mon séjour américain. Grâce à lui, je redécouvrais des pans entiers de mon passé, et, surtout, le visage de mon père, qui se reconstituait dans l'éloignement. Ses coups de fil continuaient d'être quotidiens, pour me rappeler qu'il fallait prendre une assurance responsabilité civile, ou ne pas tarder à remplir ma déclaration d'impôts.

Et puis, il était mort.

Un montage d'extraits de mon journal, paru sous le titre *Journal en ruines*, me valut de recevoir une lettre. Son auteur partageait mes admirations. Comme moi, il avait aimé (et fréquenté) Julien

Green. Son autre grand écrivain était Paul Nizon, auprès de qui j'eus l'honneur de dîner chez lui. Je fus très impressionné par sa crinière blanche, sa faconde, son aura. À son exemple, mon nouvel ami avait une haute idée de la littérature. Il lisait moins qu'il ne relisait. Quand il draguait un garçon (dans le cadre de l'association chrétienne David et Jonathan, où il participait à des retraites pastorales), sa technique consistait à l'inviter dans sa chambre, pour relire ensemble les plus belles pages de *Sodome et Gomorrhe*. Il m'invita moi-même à présenter mes écrits, devant un aréopage d'homosexuels lettrés, qui recevaient dans les salons d'un hôtel parisien. Il s'y faisait photographier pour Facebook, enveloppé d'un long manteau.

Nous regardions ensemble des émissions littéraires. Julien Green interviewé par André Bourin, dans son bureau de la rue Vaneau. L'auteur de *Moïra* distillait des confidences sur cet « inconnu » caché au fond de lui – et qui, à l'en croire, écrivait ses livres à sa place. À *Apostrophes*, nous revoyions Patrick Modiano, dont les apparitions chez Pivot étaient légendaires. Son oracle était troué de silences, de bégaiements, de lacunes.

P… admirait les écrivains mystérieux, ceux qui se dérobent au vulgaire et œuvrent dans la pénombre. Il travaillait à un grand projet autobiographique, dont il me fit lire des extraits. À l'instar de Green, il avait entrepris de raconter son enfance par le menu, en n'omettant aucun épisode, fût-il le plus trivial ou le plus insignifiant. L'un des premiers chapitres se concluait par cette phrase : « Je n'ai jamais su pourquoi j'avais vomi le lait. »

Il se mit à persifler ma pratique du journal, qui n'était décidément qu'un pis-aller, indigne des hautes missions de l'écriture. Il était passé à la composition d'un roman, et m'en entretenait à chacune de nos entrevues. Je souffrais d'être rejeté aux marges de la littérature, par lui qui aspirait à y entrer par la grande porte. Il n'attendait pas même que ses manuscrits fussent validés, pour se faire tirer le portrait à l'intention de la presse. Il me donnait rendez-vous dans des librairies, à des signatures où il écoutait à peine l'auteur invité, pour mieux repartir, autour d'un verre, dans ses projets. On s'engueula. Il m'arrive, de temps à autre, de le croiser par hasard, enveloppé de noir, perdu dans son rêve et parlant tout seul.

Gabriel passe sa vie à lire. Négligeant de poursuivre ses études, ou d'obtenir un emploi, il consacre ses journées à l'exploration de Balzac et de Dostoïevski. Il est très au courant, aussi, de ce qui se fait en littérature contemporaine. Comme tant de garçons de sa génération, il est entiché de Houellebecq, dont l'enchante la critique du féminisme, la verve réactionnaire et désenchantée. Le côté rock, sans doute, qui me laisse froid.

Pour lui faire plaisir, je tape « Houellebecq » sur le moteur de recherche de l'INA, et l'on regarde un ou deux entretiens d'avant la notoriété. On découvre au passage des interviews de son autre icône : Clément Rosset. J'ai feuilleté des livres de celui-ci en Bretagne, où mon jeune ami m'invita un été. Je lui lisais à haute voix, ainsi qu'à sa copine, *Les Trois Dumas* d'André Maurois ou le début du *Mémorial de Sainte-Hélène*. Je les emmenais dîner dans une crêperie, où chaque soir l'on débattait des mérites de tel ou tel cinéaste. Ils s'isolaient dans leur chambre, et j'entendais de petits cris en poursuivant ma lecture.

Après un énième sushi non loin de chez moi, je rentre seul, ce soir, avec Gabriel. Je l'ai convaincu de mater un de ces échantillons d'*Apostrophes* qu'il ne connaît que par ouï-dire. On se met d'accord pour voir un Pivot genre corrida, de ceux qui ont les honneurs de Facebook ou de YouTube. Ce sera l'émission où étaient reçus les « nouveaux philosophes », qui avaient pour nom Bernard-Henri Lévy, André Glucksmann. Face à eux, deux auteurs inconnus de moi ont écrit un livre-inventaire des méfaits du communisme. Glucksmann les prend à partie. À moins qu'il ne s'attaque à un vieux briscard stalinien. Le « nouveau philosophe » est envahi d'une rage folle, il se lève, il hurle. Gabriel n'en croit pas ses yeux. Les passions politiques ne prennent plus cette forme-là. Par la rue déserte, il rentre chez lui.

Cyril entra en scène. À la différence de tous ces garçons avec qui je dînais, chaque soir (et il ne se passait rien), il restait jusqu'à pas d'heure. Il attendait de moi quelque chose que je n'aurais su définir. Cela ne s'exprimait pas par des mots, ni par des gestes de désir. Étudiant dans une école d'art, il était prêt à tout quitter pour me rejoindre à Paris, parce que je lui avais parlé d'un raout littéraire où j'allais tout à l'heure. C'était dans une librairie poussiéreuse au fond du 14ᵉ, où de vieux schnocks fêtaient un bouquin sur Jacques Prévert. Il me suivait au milieu de nulle part, dans un obscur salon du livre, où les débats se déroulaient devant un public clairsemé. Je le prenais en photo dans un square, à califourchon sur un cheval d'enfant, heureux et triste. Nous dormions dans des lits jumeaux.

J'habitais encore un appartement bourgeois, rue Jean-Pierre-Timbaud. Pour faire face à mes charges de copropriété, qui étaient ruineuses, je louais à des étudiants la chambre du fond, et l'on campait dans le salon. Sous l'effet de la machine à laver que mettait en branle mon locataire, et qui bougeait dangereusement, la porte de la cuisine se bloquait. Ce côté bohème amusait Cyril. On se repliait sur le canapé convertible, et on passait des soirées à regarder *Les Simpson* ou des films de mon répertoire. Il aimait *Les Grandes Manœuvres*, j'avais plus de mal avec les vidéos de Matthew Barney. Les dramatiques de l'INA le plongeaient dans le sommeil. Il préférait les émissions de Maritie et Gilbert Carpentier, que je considérais, à son âge, comme le comble de la ringardise. Neveu (et orphelin) d'un chanteur de variétés adoré, il cherchait les vestiges de cet univers clinquant et bariolé. Son passéisme, qui s'attachait aux formes plastiques et musicales, n'était pas le mien, qui vibre à l'expression d'un drame. Je le soupçonne, dans *Apostrophes*, d'avoir été surtout sensible aux pantalons à pattes d'éléphant, aux cravates géométriques, au décor qu'on pourrait reconstituer au palais de Tokyo.

On regardait *Apostrophes*. En y découpant des séries, qui nous permettaient, d'un épisode à l'autre, de guetter le retour de tel ou tel écrivain. Nous voulions des stars déchues, des gens qui avaient eu leur heure de gloire et restaient irrémédiablement associés à une époque. Rien de tel que Roger Peyrefitte, dont je m'étais déjà amusé à pister les apparitions télévisuelles, depuis son rez-de-chaussée plein de marbres antiques jusqu'aux confidences sur le divan d'Henry Chapier. On le retrouvait chez Pivot, fidèle à sa vocation de trublion autoproclamé. Ce soir-là, sa tête de Turc était une fois de plus François Mauriac, que dès longtemps il avait poursuivi de sa vindicte. Il venait de commettre un roman à clefs, intitulé *L'Illustre Écrivain*, et où, à travers un réseau d'allusions transparentes, l'on reconnaissait sa bête noire. Selon son habitude, Pivot s'employait à lui faire avouer de qui il s'agissait, et Peyrefitte ne se faisait guère prier.

Face à lui, personne ne semblait convaincu de l'urgence d'un tel pamphlet. Jean d'Ormesson s'impatientait. Interrogé sur l'ouvrage de Peyrefitte, il réagit à une perfidie qu'avait formulée celui-ci, un peu plus tôt. Parlant de l'Académie française (où il ne risquait guère d'être élu), le vieux polémiste avait ironisé sur l'œuvre ennuyeuse de Roger Caillois, et de Marguerite Yourcenar, récemment élue à son fauteuil. «Je tiens monsieur Peyrefitte, lança le jeune académicien d'Ormesson, pour la dame pipi des lettres françaises. À la dame pipi, je revendique le droit de préférer monsieur Mauriac, monsieur Caillois, madame Yourcenar, c'est-à-dire de grands écrivains.» Peyrefitte vacilla sur son socle. «Cher Jean d'Ormesson, vous étiez moins méprisant il y a vingt ans, quand je vous convoyais dans les bordels de Bangkok.» «Il est vrai, cher Roger Peyrefitte, que je vous méprisais moins qu'aujourd'hui.» Livide, balbutiant, celui qu'on venait de traiter de dame pipi tenta d'ultimes indiscrétions, en laissant entendre que son contradicteur, en poste à l'Unesco, passait plus de temps dans les cocktails que dans son bureau. Cyril et moi, pelotonnés sur le canapé, on se tordait de rire.

Lors d'une autre prestation à *Apostrophes*, Peyrefitte présentait le premier tome (le seul ?) d'une volumineuse biographie de Voltaire. Il levait le voile sur les frasques d'un pensionnat de jésuites, où le jeune François Marie Arouet avait fait ses classes : dans un domaine, précisait-il, qui ne se bornait pas aux humanités classiques. Ainsi l'auteur de *Candide* devenait-il, avant la lettre, un personnage des *Amitiés particulières*. Peyrefitte ne doutait pas que ses révélations, susurrées à une heure de grande écoute, dussent bouleverser la France. Françoise Sagan, face à lui, n'était pas bouleversée. Elle plissait ses yeux fins, rejetait une mèche de cheveux en arrière, rallumait machinalement une cigarette (car on fumait beaucoup à *Apostrophes*, et Sagan jouait en virtuose de la tête penchée sur le cendrier, pour reprendre contenance et rassembler ses esprits).

Cherchant ses mots, les trouvant, elle demanda à Peyrefitte quel intérêt pouvaient avoir ces histoires de coucheries. L'intéressé défendit son combat contre l'hypocrisie : le devoir d'un écrivain libre, tel que lui, était de faire tomber les masques. Je ressentais un sombre plaisir à le voir ainsi rabroué. Même le très diplomate Bertrand Poirot-Delpech, ce soir-là, ne prenait pas de gants pour l'humilier. Nos soirées *Apostrophes,* avec Cyril, tenaient du joyeux jeu de massacre.

Parmi nos idoles menacées, il y avait aussi Alain Robbe-Grillet. À chacun de ses passages chez Pivot, il rejouait sa chère querelle des Anciens et des Modernes. Il lui manquait un Émile Henriot, un Robert Kemp, pour continuer d'affirmer son insolence face aux gardiens de la tradition. Il lui restait Robert Kanters. Le vieux critique de *L'Express*, dont la vue déclinait, était là pour réincarner les Tirésias ou les Cassandre qui avaient combattu le Nouveau Roman. Il venait d'écrire un livre de souvenirs, délicat et suranné. Pivot le poussait dans ses retranchements, pour lui faire dire le mal qu'il pensait de son cadet. Trop bien élevé pour cela, Kanters se réfugiait dans des périphrases. Pivot voulait faire de l'audience, Robbe-Grillet avait besoin d'un ennemi. Kanters, malgré qu'il en eût, se retrouvait enfermé dans le rôle du ronchon réactionnaire.

Je connaissais sa fin de vie, passée dans la cécité et la solitude. Au temps de mes pérégrinations mauriaciennes, j'avais exprimé le désir de le rencontrer. On m'avait mis en garde : dans ce cas, il faudrait me transformer en Antigone (au masculin, si vous voyez ce que je veux dire). Dans l'état où il était, j'avais du mal à l'imaginer comme un ogre en quête de chair fraîche. Je le voyais plutôt enfoncé dans sa tanière, au milieu de livres qu'il ne pouvait plus lire, songeant à sa carrière évanouie. Et voilà que Robbe-Grillet, en cet *Apostrophes* que je n'avais pas vu à l'époque, le mettait à mort une seconde fois.

Le visage de l'auteur du *Miroir qui revient* s'incrustait dans la couverture du texte. Sa mauvaise foi faisait merveille, pour nous persuader qu'il était fidèle, en ce revirement autobiographique, aux dogmes qu'il avait professés. Je me rappelle une histoire de rue, ou de chien, où il prétendait rejoindre la profondeur des intuitions souterraines de Dostoïevski. Son aplomb nous fascinait. Peut-être parce que nous savions que la postérité ne devait guère le traiter mieux que Robert Kanters.

Pour que son regard brille de plaisir, il suffisait de prononcer, devant Cyril, le nom d'Edmonde Charles-Roux. Dans le catalogue de l'INA, il n'était pas question de rater la moindre des nombreuses émissions de Pivot où elle était invitée. Personnage influent des lettres françaises, elle régnait, de droit divin, sur le cénacle que médiatisait *Apostrophes*. Cette transcendance nous réjouissait, lui et moi : son côté *Vénus à la fourrure*, qu'on aurait pu imaginer avec un fouet, renvoyant au néant tous ces écrivaillons. Elle n'avait pas besoin, pour ce faire, de se cacher sous un masque. Elle paraissait, et cela suffisait.

Peu importait le sujet dont elle entretenait ses auditeurs : la carrière tumultueuse de Don Juan d'Autriche, les aventures exotiques d'Isabelle Eberhardt, les audaces de Coco Chanel (il y avait beau temps qu'elle avait renoncé au roman, lui préférant l'exercice, très à la mode dans les années 1980, de la biographie romancée). Sa distinction native, la qualité de son langage faisaient d'elle une impeccable actrice de la littérature, sachant ce qu'il faut dire au moment propice. L'une de ses formules, où se conjuguaient la bienséance et la hardiesse, mettait Cyril en joie. Évoquant la vie privée compliquée de son Don Juan d'Autriche, elle développait l'idée selon laquelle chaque homme de génie est plus ou moins un bâtard. « Don Juan, bâtard. Mozart, bâtard. Et même, Jésus-Christ… (Silence.) N'était-il pas, lui aussi, un tout petit peu un bâtard ? »

La manière dont elle marquait l'accent circonflexe, la gêne exquise qu'elle simulait, le souffle retenu après le point d'interrogation, tout cela nous ravissait autant que la fin d'un air de Verdi. Nous la bissions à notre façon, en nous répétant, à longueur de journée, ce mot de « bâtard » indéfiniment étiré. Pour nous faire rire autant, en même temps que nous pâmer, il n'y avait que des divas de cinéma : Marie Bell, que j'avais fait découvrir à Cyril dans un nanar des années trente, *L'Homme à l'Hispano*. « Ce luxe, ces bijoux, ces fourrures, disait-elle à son partenaire, en promenant ses yeux blasés sur le décor, je ne saurais m'en passer.» Ce «m'en passer», prononcé par l'actrice en faisant traîner le *a*, nous rendait hystériques. Il y avait aussi Michèle Morgan, compromise, dans *Marie-Antoinette, reine de France*, dans la fameuse affaire du collier. «Croyez-vous que si j'avais voulu ce collier, j'aurais été le demander à un cardinal pourri?» Le mot de «pourri» nous faisait le même effet que le «bâtard» d'Edmonde Charles-Roux. Un ver s'insinuait dans le fruit gâté.

Pour tout savoir de notre icône, on regardait d'autres émissions. Dans l'une d'elles, Gaston Defferre, maire de Marseille, racontait qu'il était tombé amoureux de l'auteur d'*Oublier Palerme* en la recevant à l'occasion de son prix Goncourt. On découvrait qu'elle avait été, auparavant, davantage qu'une amie pour Maurice Druon, et bien plus qu'une petite main pour *Les Rois maudits*. Cyril peignait des tableaux à partir d'images d'Edmonde, qu'il avait glanées en ligne, et habillait de ses propres couleurs. L'un d'eux avait pour titre *Edmonde et les Bâtards*, et la représentait sur le plateau d'Antenne 2. Un autre portrait la montrait plus âgée, posant pour un photographe, avec à l'arrière-plan la montagne Sainte-Victoire. Ses rides atténuaient ce qu'il y avait de féroce ou de carnassier dans son sourire.

Apostrophes devenait une matrice pour Cyril, qui déclinait, à travers la peinture, la trace de ces écrivains tombés dans l'oubli. Dans mon nouveau repaire de la rue Saint-Ambroise, le « salon » était à présent son atelier. À l'aide d'un appareil appelé épiscope, il s'appropriait la figure de telle ou telle célébrité, saisie au cœur de sa gloire. Quand je traversais la pièce ténébreuse pour aller au sous-sol chercher un livre, il me foudroyait du regard. Le soir, je débouchais une bouteille de champagne, et l'on jouait à s'apostropher comme les personnages de Pivot. L'un des spectateurs de nos perpétuelles joutes oratoires résuma d'un mot notre histoire : « Vous êtes sur une scène. »

En hommage à son poète préféré, Tristan Corbière, je l'avais rebaptisé Édouard Joachim, vrai prénom de l'auteur des *Amours jaunes*. En prélude à un séjour vénitien, il m'offrait *L'Altana* d'Henri de Régnier, et nous évoquions le Club des longues moustaches, ces poètes fin-de-siècle qui se réunissaient, le soir venu, au café Florian. On allait en pèlerinage à la villa Lisys, immortalisée par Peyrefitte dans *L'Exilé de Capri*. C'est là que le baron de Fersen s'était créé un somptueux refuge, après les scandales qui avaient émaillé sa jeunesse. Cyril prenait des photos. De retour à Paris, il laissait de côté, inachevé, son *Roger Peyrefitte et Amanda Lear,* et peignait d'après clichés la maison à péristyle, juchée en haut d'une falaise. On finissait par se coucher, ivres d'alcool, de citations, d'incunables de l'INA. Il me caressait le dos comme un enfant, et s'endormait. La belle maison de Capri restait toute seule, dans le noir.

Cyril aimait les mères phalliques. J'aimais les pères humiliés. Dans les parages d'Edmonde Charles-Roux, il y avait toujours François Nourissier, autre éminence grise des lettres – mais qui, à *Apostrophes*, n'apparaissait pas comme un homme de pouvoir. Était-ce une comédie d'humilité qui l'amenait à jouer les obscurs ? L'émission de Pivot, parfois, poussait l'auteur vers sa vérité. Le journaliste recevait l'académicien Goncourt avec tous les honneurs dus à son rang. Il l'interrogeait longuement sur son dernier livre, lunettes en main, quêtant du regard l'approbation d'autrui. Nourissier parlait dans sa barbe, d'une voix douce, neutre, comme gêné de se trouver là. C'était un montreur de marionnettes qui se dévoile, un peu à l'écart, et fatigué de tirer les ficelles. Face à un provocateur genre Marc-Édouard Nabe (dont nous sidéraient, Cyril et moi, les tirades de tête à claques, ou d'arroseur désespérant de se faire arroser), il restait calme. Lui qui avait été, à 20 ans, un adorateur de Montherlant, il voyait venir, lucidement, l'effacement de son œuvre.

Je me remémorais des épisodes de sa longue carrière, que hantait le spectre de l'échec. Relayée à grand bruit dans les médias, la disparition catastrophée d'un manuscrit. Piochée dans un service de presse, une autobiographie masochiste, *À défaut de génie*. Dénichée dans la boîte aux livres d'un square, une version antérieure de ce thème, qui s'intitulait *Un petit bourgeois*. La couverture blanche en était soignée, à l'intention d'un lectorat bibliophile. En préambule, Nourissier se livrait à une récapitulation de son travail qui aurait pu être prétentieuse. Il évoquait Michel Leiris, Scott Fitzgerald, des noms qui avaient marqué sa génération. Il s'accordait, quant à lui, une maigre place. Tout l'ouvrage s'inscrivait sous le signe de la haine de soi, non sans l'espoir fou, à force de décrire ses lâchetés conjugales et sa perte de cheveux, de produire un chef-d'œuvre en négatif.

Je trouvais, sur YouTube, d'ultimes images de lui. Privé de barbe, les yeux hagards, il semblait mangé par ce néant qu'il n'avait cessé de convoquer dans ses écrits. La figure qu'il avait promenée chez

Pivot, ou aux raouts de l'hôtel Drouant, avait disparu. Le thème livresque s'incarnait. Il était, enfin, sans limites.

Cette perte du lien littéraire, je la cherchais, en regardant *Apostrophes*, autant que je la conjurais. Pivot avait été le dernier à mettre en scène la société des écrivains comme un tout homogène, avec sa continuité, sa tradition, ses codes de bienséance et ses droits d'aînesse. Quand il recevait un écrivain comme Nourissier, il prenait soin de le faire parler au début, ou à la fin, pour bien marquer la place qu'il fallait lui réserver. Il faisait précéder ses questions d'un « Alors... », qui désignait un morceau de choix. Il savait quelles connexions établir avec le passé. Cette famille qu'il rassemblait, il ne l'aimait cependant que déchirée. Le titre de l'émission était programmatique, après les *Italiques*, et autres *Ouvrez les guillemets*, qui n'avaient pas connu un tel succès. Georges Suffert avait essayé, sur une chaîne concurrente, d'importer la formule en la rebaptisant *La Rage de lire*. Les mauvaises langues avaient tôt fait de surnommer cet ersatz *L'Envie de dormir*.

Pivot, lui, savait créer de la crise autour de la table, avec les mégots de cigarettes tremblant dans les mains. Tout le monde se mettait à parler pêle-mêle, et la caméra, peinant à suivre, surprenait des mines qu'on n'aurait pas dû voir. Bernard-Henri Lévy, rageusement, s'acharnait sur son cendrier. «J'ai horreur d'interrompre une dispute… c'est vrai, ça peut empêcher les choses de s'envenimer…» Comme s'il avait fait sienne cette maxime de Guitry, le maître des lieux laissait affleurer, aux pires moments, un sourire réjoui. Il s'accordait à l'air du temps, au-delà de cet audimat qui commençait de faire des ravages. Dans *Vincent, François, Paul et les autres*, Michel Piccoli poussait une terrible gueulante, entre la poire et le fromage, effrayant tous les convives. Dans *À nos amours*, Maurice Pialat resurgissait au dessert, pour stigmatiser les siens vendus aux marchands du Temple. Michel Polac faisait de l'ombre à Pivot avec son émission *Droit de réponse*, où la foire d'empoigne verbale était devenue la règle. Il dressait l'ancêtre Claude Bourdet contre le mastodonte Robert Hersant, les céliniens contre les proustiens. La télévision ressemblait de plus en plus à ma maison.

Des images que j'ai de François Nourissier, l'une est liée, justement, à cette maison de Provence que mon père devait vendre, après le départ de ma mère. Dans l'intervalle, il avait tenté de la louer pour améliorer ses fins de mois, et payer les travaux sous lesquels il croulait. Il n'avait qu'une hâte : se débarrasser de ce paradis perdu. Par l'entremise de Jean-Paul Clébert, un auteur régional ami de ma famille (qui avait ses grandes entrées dans le milieu parisien), Nourissier était venu visiter la Poudarique en vue de prochaines vacances. Je n'étais pas présent. Je le devine, désabusé et blasé, parcourant au pas de course ce vieux mas provençal qui menaçait ruine. Les mauvaises herbes proliféraient, mon père avait renoncé à les arracher. Le paysage était sublime, mais loin de tout. Des scorpions, des orvets guettaient sous les pierres. Il n'y avait guère d'endroit où se protéger du soleil, pour écrire.

Rideau

À défaut d'être passé à *Apostrophes*, je participe à des tables rondes. On m'invite à des débats, à la radio, sur des écrivains que j'admirais naguère à la télé. Je parle du théâtre de Sagan, et je me fais invectiver par Josée Dayan, qui a mis en scène *Château en Suède*, et n'est pas du tout d'accord avec mon point de vue sur cette pièce. Lors d'un symposium sur *L'Astrée*, porté à l'écran par Rohmer, une dénommée Claude Habib me prend à partie, parce que j'ai osé vanter le travestissement de l'acteur principal. Elle cite Lucrèce, pour rappeler cette vieille vérité de l'art, qui veut que ce qui est beau en poésie ne le soit point en peinture. Ce Céladon déguisé en fille, et qu'elle compare à une « nonne-camionneur », n'a pas droit à la représentation. Je lui rétorque que l'Astrée du film, quant à elle, n'est guère conforme aux canons de distinction du XVIIe siècle. « Cela ne se fait pas, se récrie-t-elle, de médire ainsi de la beauté des femmes. » Personne, autour de la table, ne vient à mon secours.

Je traverse la Seine, pour participer à une table ronde sur « Rohmer et la foi ». Des angoisses de digestion me tourmentent, dues à l'abus de champagne. Les rues sont désertes, écrasées de soleil, et, dans la coulisse, la demi-finale de je ne sais quelle Coupe du monde se prépare. À mi-temps de notre débat, Antoine de Baecque s'éclipse, pour aller suivre le match de foot. Cela me met à l'aise pour décliner mon discours, et damer le pion aux intervenants restés là. Une parole me traverse, me faisant oublier mes inquiétudes et mes obsessions. Le cadre que j'ai mis en place, pour préparer mon propos, s'estompe. Il n'y a plus que des phrases, qui avancent toutes seules.

On va inaugurer une plaque, ces jours-ci, sur la maison natale de Rohmer. Logé chez l'habitant, au cœur de la campagne corrézienne, je me dis que je pourrais trouver une demeure dans les parages. La ville de Tulle, découverte il y a quelques années, m'a aussitôt intrigué. C'est un décor de théâtre, ou plutôt d'amphithéâtre : où qu'on soit, on voit la cité tout entière, avec son cimetière en hauteur et ses vieilles bâtisses encaissées. Les promoteurs de rues piétonnes n'ont pu lui enlever son caractère. C'est un lieu fait pour accueillir le drame. Lors de mon premier séjour, traînant seul aux terrasses des cafés, j'ai vécu d'étranges moments.

Dans la torpeur de midi, dans les méandres de Wikipédia, j'apprenais que l'armée allemande, passant par Tulle le 9 juin 1944, y fit exécuter cent jeunes gens en représailles. Négociant les noms mis sur la liste, les notables locaux participèrent à la sélection. Tandis qu'on pendait les jeunes hommes, aux réverbères et aux balcons, une collaboratrice notoire dansait avec les Allemands. Ces scènes, je les voyais, sous une lumière qui nimbait tout d'un halo de cauchemar. Ignorant que le drame s'était conclu dans un autre quartier, je voyais, à chaque fenêtre, la corde qu'on installait. Je me mettais à la place de ces garçons, exécutés en bonne et due forme, à deux pas des officiels consternés et de la louve déchaînée.

Sur Internet, je croisais aussi l'affaire Lafarge, scandale qui secoua la bonne société louis-philipparde, parce qu'une cousine du roi-citoyen, mésalliée en province, était accusée d'avoir tué son mari. Elle lui aurait envoyé une galette empoisonnée, provoquant sa mort dans d'horribles souffrances. Une bataille d'experts eut lieu, en ce palais de justice tout proche de ma terrasse de café. Je me rappelais avoir vu des dramatiques là-dessus, à la télé.

Il y avait aussi l'histoire d'Angèle Laval, inondant la ville de lettres ordurières, où elle dénonçait les secrets des familles. Vexée qu'un chef de bureau n'ait pas répondu à ses ardeurs, et se soit fiancé ailleurs, elle prit soin de faire porter les soupçons sur sa rivale, en lui épargnant les médisances dont elle accablait autrui. Elle déposait ses missives dans les venelles, ces ruelles en pente qui entourent le quartier de la cathédrale. Je la voyais, à travers son manchon, laissant tomber une lettre. Je l'imaginais rasant les murs, le soir tombé, pour en déposer une dans la boîte d'un fonctionnaire respecté. Je ressentais son désespoir, quand à l'issue d'une dictée interminable, elle fut démasquée, et entraîna sa mère à l'étang de Ruffaud pour s'y noyer. La mère périt, la fille comparut aux assises en grand deuil, revêtue d'un voile noir qui la faisait ressembler à un corbeau.

Je déchiffrais les quelques coupures de presse, scannées en ligne, où on la voit paraître à l'audience, les traits adoucis par les retoucheurs du journal. Il y avait même une photo, prise par un paparazzo avant la lettre, où on la découvrait en son jardin au-dessus du toit. Je n'avais plus beaucoup de batterie sur mon téléphone, qui me servait d'observatoire sur tout ce pan de passé. J'étais presque devenu Angèle Laval, cherchant qui accuser de sa solitude, regardant, du fond de sa tanière, le bonheur des autres. Les quarante années qu'elle passa à Tulle après l'affaire, détestée par la population et ne sortant plus de chez elle, me serraient le cœur. Son statut d'écrivain fantôme me la rendait familière. Je m'évanouissais passionnément avec elle, dans le décor.

Dans une rue peu fréquentée, près de la gare, voici la librairie où je dois présenter mon nouveau livre sur Rohmer. Pour m'écouter, il n'y a guère que des « rohmériens », dont chacun(e) a eu une relation privilégiée avec le Maître. Cela m'embarrasse un peu, et je surveille mon propos. À une question dans le public (« Est-ce qu'on pourrait encore, de nos jours, faire des films comme ceux d'Éric Rohmer ? »), je réponds en soulignant leur aspect à la fois narratif et expérimental, qui n'est plus guère de mise. Expérimental ? Ce mot ne plaît pas à la grande rohmérienne en chef. Elle m'apostrophe devant tout le monde, niant que le cinéma d'Éric relève de cette catégorie. Pour me faire pardonner ce gros mot, je lis des extraits amusants d'articles de Rohmer. Le cœur n'y est pas. Les rires sont maigres.

Sous l'un des masques qu'ils portent tous, pour se protéger du Covid, je distingue un visage qu'il me semble avoir déjà vu. Son style est celui d'un jeune premier d'avant-guerre, aux cheveux romantiques. Je n'ose pas lui adresser la parole. Rosette s'approche de moi, et me souffle que j'ai raison : Éric, en faisant *Le Rayon vert*, annonçait un film « expérimental ». Le garçon s'éclipse sans un mot, sans acheter mon livre. Le soir, il s'avance vers le cinéma où l'on va projeter *Le Genou de Claire*. Sa silhouette me semble, depuis la terrasse où je l'observe, un cliché de l'absolu.

Le lendemain, je néglige d'assister à un débat sur Rohmer et l'écologie, dans une grange retapée des environs. J'arrive juste à temps pour la projection du *Rayon vert*, car la présence d'un Judas universitaire (que j'espérais ne point croiser) m'indispose fort. Craignant de laisser paraître mon trouble, j'avale une bonne dose de champagne, caché dans une bouteille thermos. Si j'étais passé à *Apostrophes*, ç'eût été la solution. J'en aurais remontré à Edmonde Charles-Roux, j'aurais tenu tête à Alain Robbe-Grillet, j'aurais cloué le bec à Patrick Grainville. Cela me permet de saluer le « traître » en question, et de faire du charme à un garçon aux cheveux longs. En profondeur de champ, il y a le bel inconnu masqué d'hier, un peu flou.

Aujourd'hui, vers 15 heures, il me faudra reprendre le train pour Nevers, où je suis censé animer une « leçon de cinéma ». Un énième débat nous réunit, non loin de la maison natale du grand cinéaste. Nous sommes en très petit comité, le Covid incitant les gens à se calfeutrer chez eux. On décide de sortir de la librairie, et de bavarder au soleil. La grande rohmérienne en chef se lance dans une nouvelle version des complications de production de *L'Anglaise et le Duc*. Elle est interrogée par l'éternel Judas, qui, croyant me séduire, m'adresse des clins d'œil.

Je suis ailleurs, tout entier retenu par le garçon masqué qui vient d'arriver, et hésite à rejoindre notre cercle. Il y a une chaise vide à côté de moi. On l'invite à y prendre place. Je me tourne vers lui.

« Qui êtes-vous ? »

Table des matières

Cet ouvrage a été imprimé par
Black Print CPI Iberica
pour le compte des éditions Plein Jour
16, bis rue d'Odessa, Paris XIVe
en avril 2023

Dépôt légal : mai 2023
N° d'édition : 1100